# 一行禪師

# 心如一畝田

Understanding Our Mind: 50 Verses on Buddhist Psychology

唯識50頌

# 目錄

# 引言

一行禪師在這本書裡告訴我們，想要實現世界和平，就得深入了解自心。只要我們踏實地修學這些教導，它們將會成熟結果，爲所有生命帶來益處。我很榮幸能夠爲《心如一畝田：唯識五十頌》這本殊勝而重要的書撰寫引言。

《心如一畝田：唯識五十頌》的參考資料之一是阿毗達摩文獻（Abhidharma），對於佛陀教法的論著。在一九六〇年代後期，當我還是年輕的禪修學生時就曾聽說，由於這些論典非常珍貴，所以將它們鐫刻在金版上，並且建了一座大寺院來保存。它們在佛法傳承上十分重要，讓我想發心研讀，但是閱讀這些典籍十分枯燥，就像是閱讀電話簿裡的用戶姓名表一樣。我很難在其中找到生命氣息，所以很快就放棄了。

一行禪師以簡約的偈頌來闡述涵義深廣的佛教心理學，這種生動活潑的說法，既難值遇也不易通達。在一行禪師還是沙彌時，便已研讀並能背誦世親（Vasubandu）的《唯識二十頌》和《唯識三十頌》了。

強記背誦似乎既困難且古板過時，但背誦的過程讓我們能將這複雜的教法，一小口一小口地細嚼慢嚥並消化，直到熟記在心，成爲我們身心的一部分。然後，就能夠很自然地實踐這些教導，因為它們已經深深地融入我們的意識活動裡了。以這種傳統方式用心研讀，能使這些看來冷硬艱澀的教法，展露出深刻的溫暖和生命力。

關於「心」的這些教法是困難、複雜，且令人畏懼的。但我發現，以業餘禪修者的身分，在對的時機，一而再、再而三地複習它們，會讓那些原來像是冰冷的石頭碎裂開來，並顯露出一顆偉大、溫暖的心，那是佛陀想要我們覺悟這些教法核心智慧的心。直至今日，我仍然興致勃勃地持續研讀它們。

研讀這些關於心的本質的大乘教法，讓我們了悟到心的空性。當我們了悟這個空性，我們便從概念性的執著中解脫，就是這執著覆蓋了心與自然的互聯性。當我們不再執著於概念時，便能以創新的方式，教授一切生命和非生命現象密不可分的互聯性。

《心如一畝田：唯識五十頌》是這種創新教授的一個鮮活範例，既受到古德的啓發並且忠於古德。它以一顆溫暖安詳之心的單純，傳達了佛陀教法的深奧智慧。

綠龍寺資深佛法教師
雷布・安德森（Tenshin Reb Anderson）
二〇〇五年十一月十八日於綠谷農莊

# 歡迎詞

十二世紀的越南禪師常照（Thuong Chieu）說：「當我們了解自心如何運作時，修行就變得容易了。」而這是一本關於佛教心理學的書，有助於我們了解「識」（consciousness）的本質。

這五十個偈頌有點像是修行之道的地圖。這五十頌總結了印度佛教思想最重要的流脈，取材範圍從巴利藏的阿毗達摩一直到較晚期的《華嚴經》等大乘佛教經典。

這些偈頌是基於世親的《唯識二十頌》和《唯識三十頌》，當我還在越南當沙彌時，是以中文研讀的。我來到西方後，領悟到這些佛教心理學的重要教法，可以為此地的人們打開了解之門。所以我在一九九〇年寫作了這五十頌，潤飾由佛陀、世親、安慧（Sthiramati）、玄奘、法藏等祖師大德所傳下的珍寶。這本書原先以《在根本處轉化》（*Transformation at the Base*）的名字出版。自從出版以來，心理學者、心理治療師以及各宗教的尋求者都告訴我，這本書有助於他們的教學。如今新的版本問世，我希望能讓更多人閱讀到這些教理。

你不需要有心理學學位或任何佛教知識，就可以享受閱讀本書。我嘗試以簡單的方式來呈現這些教理。如果在閱讀當中，你發現不懂某個字句名相，請不要太努力。就讓這些教理像是聆聽音樂一樣進入你，或是像大地讓雨水浸潤它一樣。如果你只是用理智來研讀這些偈頌，那會像是把塑膠製品埋入大地一樣。但是如果你讓這些法雨穿透你的意識，那麼這五十頌能夠將整個阿毗達摩教理簡短地提供給你。

你可以終其一生深入研讀這些教理。請不要被它們的複雜性嚇住了。要慢慢地行進。試著一次不要讀太多頁，花點時間充分消化每一個偈頌和它的論述，之後才進到下一個偈頌。在閱讀這些偈頌時，要帶著正念、仁慈、悲憫，而它們會爲你照亮心的運作方式及識的本質。

# 唯識五十頌

## 【第一部】藏識

1

心如一畝田，
俱種播田中，
心識也就是，
田中一切種。

2

種有各形類，
如生死涅槃，
迷悟與苦樂，
名稱和形相。

3

心識中藏存，
身心與界地，
世界等種子，
故識亦名藏。

4

種隨生時有，
或祖先遺傳，
自母胎幼年，
不間斷薰習。

5

不論從親友，
或社會教育，
諸種皆帶有，
共性與別性。

6

人一生價值，
即隨心識中，
深藏諸種子，
品質之優劣。

7

阿賴耶作用，
接收保持種，
現行成習氣，
以及諸種子。

8

阿賴耶表別，
形成十八界，
獨影與帶質，
性境諸所緣。

9

阿賴耶異熟，
諸現行皆是，
自變與共變，
界地亦如是。

10

無覆亦無記，
恆轉流不停，
時時相應著，
遍行五心所。

11

雖無常無我，
藏識卻攝收，
有漏無漏種，
世間一切法。

12

種子生種子，
種子生現行，
現行生種子，
現行生現行。

13

種子或現行，
皆相即相入，
一由一切成，
一切因一有。

14

藏非一非異，
不自也不共，
一異與自共，
相依而變化。

15

無明滅明生，
藏轉成無漏，
白淨大圓鏡，
無垢照十方。

## 【第二部】末那識

16
無明及結使，
煩惱等種子，
名色現行時，
騷動爲妄識。

17
末那的顯生，
須靠阿賴耶，
作用爲思量，
執著它爲我。

18
其對象爲我，
屬於帶質境，
意與藏識間，
交接時而生。

19
六轉識所本，
爲染淨之依，
有覆而無記，
恆審是性相。

20
相應五遍行，
妄慧四煩惱，
以及八大隨，
皆有覆無記。

21
末那隨藏識，
如影隨其形，
是求生本能，
爲愛欲根本。

22

證初地了斷，
煩惱所知障，
八地了俱生，
末那解放藏。

## 【第三部】意識

23

依意根爲本，
法塵爲對象，
產生出意識，
認知界最廣。

24

通三性三量，
亦接觸三境，
俱善惡不定，
別境與遍行。

25

意識如園丁，
身口業之根，
唯審而非恆，
造作引滿業。

26

意識常現起，
除在無想天，
及無心二定，
熟睡昏迷時。

27

意識有五態，
散位與獨頭，
定中與亂中，
及五俱意識。

# 【第四部】感官識

28
依止第六識，
五識隨緣現，
或俱或不俱，
如波濤依水。

29
性境與現量，
皆俱有三性，
依止淨色根，
及神經中樞。

30
心所為遍行，
別境善大隨，
中隨兩煩惱，
以及貪瞋癡。

## 【第五部】實相的本質

31

識時時含有，
主體和對象，
自他與內外，
全皆僅意念。

32

識含三部分，
見相與自體，
種子和心行，
皆亦復如是。

33

識性本表別，
隨因緣生滅，
見相互輔成，
爲能別所別。

34

於自表共表，
我無我不二，
輪迴每刹那，
浮沉生死海。

35

時空與四大，
皆由識變現，
相即與相入，
異熟每刹那。

36

緣俱即顯現，
緣缺即隱匿，
實則無去來，
有無兩皆非。

37

種子生現行，
是名爲因緣，
主體依對象，
即名所緣緣。

38

順緣或逆緣，
皆是增上緣，
轉變無間斷，
故爲無間緣。

39

因緣有兩面，
妄識及眞心，
妄識因遍計，
眞心由圓成。

40

遍計薰無明，
成輪迴苦因，
圓成啓慧覺，
顯露眞如境。

## 【第六部】修行之道

41

觀照依他性，
無明轉覺智，
輪迴與眞如，
雖二實爲一。

42

花謝成肥料，
料反養香花，
兩者實不異，
迷悟亦如是。

43

無須逃生死，
觀照需念力，
看透依他性，
即證入相即。

44

靠覺知呼吸，
灌溉菩提種，
正見如蓮花，
綻放意識中。

45

正念一燃起，
可轉諸心行，
如日光遍照，
草木皆欣榮。

46

覺知可轉化，
內結與隨眠，
習氣消散時，
轉依果即現。

47

當下能攝收，
過去與未來，
轉依之秘訣，
掌握於當下。

48

日日中修行，
時時可轉化，
皈依僧伽修，
功夫速見進。

49

不生亦不滅，
生死即涅槃，
所得即無得，
不取也不捨。

50

展無畏笑顏，
乘生死浪濤，
慈航游迷海，
煩惱即菩提。

【第一部】

# 藏　識

佛教「唯表學派」（Manifestation Only）主張，我們的心有八個面向，或說八「識」①。前五識基於身體感官而生起；眼睛見到形色，耳朵聽到聲音，鼻子嗅到氣味，舌頭嚐到滋味，或皮膚接觸到東西時，就生起五識。而第六「意識」（manovijñana），則是當我們的心接觸到法塵（感知的對象）時所生起的識。第七「末那識」（manas），則是生起並支持意識的心識部分。第八「藏識」（alayavijñana）❶則是其他七識的所依或根本②。

第一頌到第十五頌是關於藏識的。藏識有三種功能。第一種是將我們所經驗的一切，儲藏並保存為「種子」（bija）（能藏）。埋藏在我們藏識裡的種子，代表我們曾經做過、經歷過或感知過的一切。這些行為、經歷及感知所種下的種子，是心識的「主體」。藏識把這一切種子吸聚在一起，就像磁鐵吸聚鐵屑一樣。

藏識的第二個面向則是這些種子本身（所藏）。就像博物館不僅只是建築物而已，也是在那裡展示的藝術品。同樣地，藏識不僅是種子的「儲藏室」而已，也是種子本身。種子可以與藏識區別開來，但它們只能在藏識裡找到。

當你有一籃蘋果時，蘋果可以與籃子區別開來。但如果籃子是空的，你就不能說它是一籃蘋果。藏識同時既是儲藏室，也是它所儲存之物。因此，種子也是識的「對象」。所以當我們說

「識」時，我們同時指的是識的主體及對象。

編按：○為原註；●為譯註。

①「唯識」（Vijñanavada）及「瑜伽行」（Yogachara）是初期大乘佛教的兩個學派，二者都是建立於心識本質的探究上。Vijñana 字面上的意思是「心」或「識」。這個學派通常稱為「唯心」或「唯識」學派。不過，這個名字經常被誤解為一種理想主義，因此，在本書裡我一貫稱它為「唯表學派」（Vijñaptimatra）。而「瑜伽行」（Yogachara）的意思是「相應瑜伽」或禪修，特別是禪修種種波羅蜜多（paramita），波羅蜜多是菩薩的必要品質。

❶即「阿賴耶識」，「藏識」為意譯，有能藏、所藏、執藏之意。

②所有的佛教學派都認可有一個基本的心識，從它而生起「心所」（chitta-samskara）。赤銅鍱部（Tamrashatiya）稱它為「有分流」（bhavangashrota），「存有的要素之流」，生命之流，是輪迴與再生的基礎。「唯表學派」也說心識一直持續不間斷，就像是水流一樣。越南第一位禪師康僧會大師（Master Tâng Hôi），將心比喻為大海（心海）。我們所見、聽、嗅、嚐、觸、感覺或思考的每一件事物，都像是流入心海的千江水。說一切有部（Sarvastivada）所用的名稱則是「根本識」（mulavijñana）。世親在《三十頌》裡使用了說一切有部的「根本識」以及「轉識」。原始佛教則交替使用「心」（chitta）（有時候稱為「心王」chitta-raja）、「末那識」（manas）、「識」（vijñana）來指稱「心」（mind）。到了「唯表學派」發展時，這三個名詞都已各有它們的意思範圍了。「心」（chitta）指的是藏識，根本識。從藏識生起的現象（法 dharma）稱為「心所」（chaitasika）。《華嚴經》用的詞是「唯心」（chitta matrata）。《楞伽經》則使用了「唯表」（vijñapti matrata）及「唯識」（vijñana matrata）。

藏識的第三種功能是「我愛執藏」③（執藏）。這是由於第七識末那識與藏識間，微妙而複雜的關係所致。末那識由藏識生起，轉過來執持藏識的一部分，並把這執持的部分當作一個獨立個別的「自我」。我們大部分的痛苦都來自末那識的錯誤認知，那是本書第二部深入探討的主題。

③雖然諸如「能藏」、「所藏」、「一切種」、「我愛執藏」這些名詞，是大乘佛教「唯表學派」率先使用的，但它們的基本意思早已存在於原始佛教及許多其他佛教學派裡了（詳本書後記）。

# 1 心如一畝田

心如一畝田，
俱種播田中，
心識也就是，
田中一切種。

心是一塊田地，
各類種子播撒在其中。
這塊心田
又名「一切種」。❶

藏識的主要功能是儲藏及保存所有的種子。藏識亦稱爲「一切種識」（sarvabijaka），意思是保持、留存、不失。保持一切種子，讓它們能夠顯現（現行），這是藏識最基本的功能。

種子（bija）讓現象得以延續。如果你在春天播下一顆種子，秋天到來時，它就會長成一株植物並且開出花朵。從這些花朵中，會有新的種子掉落到土裡，它們會埋藏在土中，直到發芽並

❶偈頌中譯分兩欄，上欄為一行禪師教學時所用的中譯，譯自越文版；下欄為譯者較為白話的中譯，譯自英文版。

再度開出新的花朵。我們的心是塊田地，種滿了各式各樣的種子：悲憫、喜悅、希望的種子，以及憂傷、恐懼、困難的種子。每一天，我們的思想、言語、行爲，都在我們的心田裡播下新的種子，而這些種子所結生出來的，就成了我們生命的內涵。

我們的心田裡既有善的種子，也有不善的種子；這些種子由我們自己、我們的父母、學校教育、祖先以及社會所種下。如果你種的是麥子，長出來的就是麥子。如果你的行爲是良善的，你就會快樂。如果你的行爲不善，你就是在灌溉自己和他人內在的貪愛、憤怒、暴力等種子。正念的修行幫助我們認出心識裡的所有種子，並且因而得以選擇，只灌溉那些最有益的種子。若我們於內心栽培喜悅的種子，並轉化痛苦的種子，將來就會綻放出智慧、慈愛及悲憫的花朵。

# 2 各類種子

種有各形類，
如生死涅槃，
迷悟與苦樂，
名稱和形相。

我們內在有數不盡的各類種子——
輪迴、涅槃、無明、覺悟的種子，
痛苦以及快樂的種子，
感知❶、名稱以及言詞的種子。

我們的藏識包含著各類種子。這些種子強、弱、大、小不一，但一切種子都在那裡——包括了輪迴與涅槃的種子，痛苦與快樂的種子。如果我們內在迷妄的種子得到灌溉，無明就會增長。如果我們灌溉覺悟的種子，它就會成長，而我們的智慧也將會增長茁壯。

輪迴是痛苦的不斷循環，當我們活在無明裡時，我們就是住在輪迴裡，要脫離這個循環是困

❶ perceptions，想，了別、指認的作用，在本書中視前後文脈絡譯為「認知」、「感知」或「覺知」。

難的。我們的父母受苦，並且將這些負面的痛苦種子遺傳給我們。如果我們不去認出並轉化自心裡的這些不善種子，就一定會接下去把它們傳給子女。這不斷傳承的恐懼和痛苦，驅動著輪迴的流轉。但同時，我們的父母也傳承給我們快樂的種子。藉由正念的修行，我們得以認出自己和他人內在善的種子，並且每天爲它們澆水。

涅槃的意思是安穩、自由，以及痛苦之輪的止息。覺悟並非來自外在，覺悟不是別人給我們的東西，甚至佛陀也不行。覺悟的種子已經在我們的心識裡了，這是我們的佛性——每個人都擁有覺悟之心，那是天生本具的特質，所需要的只是好好培育它。

爲了要轉輪迴爲涅槃，我們必須學習觀照並且看清楚，這兩者其實都是自己心識的顯現。輪迴、痛苦、快樂、涅槃的種子，都已經在我們的藏識裡了。我們要做的只是，爲快樂的種子澆水，並且避免灌溉痛苦的種子。當我們愛某人時，就試著認出他們內在正面的種子，並且用慈愛的言行來爲那些善種子澆水。快樂的種子受到灌溉就會生長茁壯，同時痛苦的種子則會萎縮減弱，因爲我們不再用不仁慈的言行灌溉它們了。

我們的藏識裡也藏著從感知而生的種子。我們感知很多東西，而這些感知的對象，就儲存在藏識裡。當我們感知某個對象時，我們是看見它的形相，梵文稱爲「lakshana」。「lakshana」

這個字也有「相狀」、「名相」或「表象」的意思。某個東西的「相」，就是由我們的感知（想samjña）所造出來的影像。假設我們看到一個由四隻腳支撐的木質平板，這個影像就變成我們藏識裡的種子。我們給這影像所起的名字——「桌子」，是另一個種子。「桌子」是對象，是我們所感知的對象；而我們（能知者）是主體。當我們感知到被命名爲「桌子」的對象時，這主體、客體對象兩者就會連結，甚至當我們只是聽見「桌子」這個名詞時，桌子的影像就在我們的意識裡顯現了。

佛教指出，現象有三組成對的「相」。第一組是某物的「總相」（universal）和「自相」（particular）。當我們看見一棟房子時，房子的「相」或影像，起初是共通的。房子的總相就像是它的通用標籤，或是無品牌標籤。你可以在某些超市買到無印食品，它們沒有彩色圖像或品牌名稱。例如，在玉米罐頭上所貼的標籤，就只是白紙上簡單地印著黑字「玉米」。某種東西的「總相」就像那個樣子。

但是我們的分別心，很快就能覺知到每棟房子數以千計的細節——它獨特的磚頭、木料、鐵釘等等。這些個別特點是某一棟房子的「自相」。一棟房子可以整體來看，那是它的「總相」，或是從它的各個組成部分來看，亦即它的「自相」。每件事物都具有共通以及個別這兩種性質。

與此相關的，第二組「相」就是它的「同」（unity）和「異」（diversity）。我們對於房子的觀念，是一種整體的、共同的想法。所有的房子都是「房子」這個指稱的一部分，無論是這棟房子或是那棟房子都一樣。但是「房子」的整體觀念並不能顯示出個別房子的獨特或差異。各式各樣的房子千差萬別，這是差異性。當我們看見任何現象時，應該要能夠在差異性裡看到整體性，在整體性裡看到差異性。第一組「相」區別出房子的總相與自相，第二組「相」則是關於各個不同房子間的差別。

第三組「相」則是「成」（formation）以及「壞」（disintergration）。一棟房子可能正在建造形成的過程當中，但它同時也是在分解崩壞的過程中。即使那些木頭都是新的，房子也還沒蓋好，但空氣中的潮濕與乾燥已經開始侵蝕它了。看著某件剛開始形成的東西時，我們應該也要能夠看見，它也正在分解崩壞當中。

禪修是爲了幫助我們，學習看見每一組「相」的雙重面向。當我們看著部分時也看見整體，看著整體時也看見每一部分。當木匠看著一棵樹時，他可以在心中預見到一棟房子，因爲對於用木材蓋房子，他已經訓練有素，非常熟練。他看見了樹的共通面向以及個別面向。我們藉由正念來訓練自己，每當認知某個對象時，就能夠看見所有這六相：總與自，同與異，成與壞。

我們對於認知到的對象，會指派名稱和言詞，或說「稱謂」給它，例如：「山」、「河」、「佛陀」、「神」、「父親」、「母親」等。我們指派給現象的每個名稱，學到的每個言詞，都像種子一樣地儲存在我們的識田裡。這些種子於我們內在又生出其他種子，稱爲「影像」。當我們聽到某個東西的名稱時，心識裡便生起一個影像，然後我們便把那個影像當作眞實的。例如：當我們一聽到「紐約」這兩個字時，便立刻觸及儲存在藏識裡的「紐約」的影像種子。曼哈頓的天空線，或是我們住在紐約的朋友的臉，這些畫面便浮現出來。然而，這些影像和紐約的現實眞相可能不同。這些影像可能完全是我們創造出來的想像，但我們無法區別現實和妄想的界限。

我們使用言詞來指稱某個東西或概念，而它們可能和那個東西的「眞相」相符或不相符；相符與否只能透過直接感知它的現實眞相才能確定。我們在日常生活裡，很少有什麼直接感知。我們以儲存在藏識裡的影像種子爲基礎，來發明、想像，並創造認知。當我們墜入愛河時，愛人在我們心裡的影像，可能和他本人差距很大。你可以說，我們其實不是和那個人，而是和自己虛妄的認知結婚。

錯誤認知帶來很多痛苦。我們覺得自己的認知是正確而完整的，但它們通常不是。我認識一個人，他懷疑自己的小孩不是親生的，而是那位常來看他太太的鄰居的。這個父親的自尊受損，羞於向太太或任何人提起此事。然後有一天，有個來訪的朋友一直說這個小孩長得非常像爸爸，此時，這個人才領悟，兒子眞的是自己親生的。但因爲他一直有這種錯誤認知，全家多年來都深受其苦。不僅是三個當事人，連周圍的每個人也都受苦，全都是因爲這個錯誤認知所造成的。

我們很容易把心中的影像——我們的心對某物所取的「相」——與它的實際眞相混淆。誤把認知當作眞實的這個歷程非常微細，因此不容易察覺它的進行，但是我們必須嘗試不犯此錯。要避免這種錯誤的辦法，就是正念。我們用禪修來訓練自己的心直接感知，正確感知。當我們禪修時，深觀我們的感知以發現它們的本質，並找出哪些成分正確，哪些不正確。

如果你沒有正念，就會相信你的認知是正確的，但其實它是基於偏見的認知；偏見是從儲存於藏識裡的種子發展出來的，而這些種子則是你過去的經驗所種下的。當我們有錯誤認知並且持續堅持它時，就會傷害自己和他人。事實上，人們甚至因爲對於同一件現實眞相有不同認知，而互相殘殺。

我們活在一個充滿假象和虛妄的世界裡，但卻相信自己和世界有眞實的接觸。我們或許對佛陀深懷敬意，並且相信如果遇見他本人，我們會向他禮敬並且致力修學他的教導。但事實上，我們可能已經在所住的城市裡遇見過佛陀，卻甚至一點都不願意靠近他，因爲他並不符合我們對於佛陀所懷有的影像，亦即我們認為佛陀應該有的樣子。我們認定佛陀會穿著美麗的長袍，頂著光環出現。所以當我們遇見穿著普通衣服的佛陀時，就認不出他（她）了。佛陀怎麼可能穿著運動衫呢？佛陀怎麼可能沒有光環呢？

在我們的識田裡，有許許多多錯誤認知的種子。然而我們卻頗有把握地認為，我們對於現實真相的認知是正確的。例如：「那個人恨我，他根本不看我，他想傷害我。」而這可能根本就只是我們的心捏造出來的。我們相信自己的認知就是現實真相，於是以這個信念來行動；這是非常危險的。一個錯誤認知能夠衍生出無數的問題。事實上，我們所有的痛苦，都來自於沒有如實地了知事物的真相。我們應該總是謙虛地自問：「我確定嗎？」然後給自己空間和時間，讓我們的認知更為深入、清楚，而且更穩定。就像現代的醫療制度要求醫生和護理人員互相提醒，以避免對任何事太過肯定。他們會彼此督促：「即使你認為確定了，還是再檢查一次吧。」

# 3 毫無遺漏

心識中藏存，
身心與界地，
世界等種子，
故識亦名藏。

能夠現行爲身和心，
現行爲生命領域、階層及世界的種子，
全都儲藏在我們的識田裡。
因此稱爲「藏」識。

在事物顯現之前，我們說它不存在；而一旦我們能夠感知到它，就說它存在了。但是即使某個現象尚未現行，它一直都是儲藏在識田裡的種子。我們的身、心，以及世界，全都是我們識田裡種子的現行。

這個偈頌提到好幾個佛教概念，關於生命存在的不同模式，這會在後面幾章說明。簡單來說，「生命領域」（界 dhatu）有三種：欲望的領域（欲界 kamadhatu），物質的領域（色界 rupadhatu），以及非物質的領域（無色界 arupadhatu）。欲界是我們接觸到貪、瞋、癡、慢的地方。這個領域的眾生深深受苦，因爲他們總是不停地追逐著什麼。而當我們選擇簡單過生活，並且捨棄掉某些貪欲時，我們是在色界。在此領域，我們受的苦比較少，而且可以體驗到一點快樂。在第三種領域，無色界裡，物質並不存在，只有能量存在；而這能量顯現爲我們的心，憤怒、痛苦等等。生命持續著，但是並沒有形色的感知。

欲界、色界四階層、無色界四階層，組成了生命的九個階層（九地❶，第九章會詳細說明每一界和每一階層）。在你還沒有止息錯誤的感知之前，你可能被欲界、色界和無色界這三界所束縛。早期的佛教典籍說，生命輪迴所在的這三界，就像是「火宅」一樣。三界正在燃燒，而縱火的人就是我們自己，我們透過心識的假想，或說虛妄感知，點火焚燒。

佛教修行的目的，就是轉化這些界地的痛苦。如果我們深觀欲望的本質，將可以從欲界解脫出來，住在比較高的色界裡。更深入觀照時，我們可以減輕對於形色的執著，開始住在無色界裡。但即使在無色界，痛苦依然存在，因爲我們的錯誤認知仍未去除，而許多欲望仍然潛藏沉睡

---

❶「九地」又稱為「九有」，包括：欲界五趣地（地獄、餓鬼、畜生、人、天），色界四禪天（離生喜樂地、定生喜樂地、離喜妙樂地、捨念清淨地），無色界四無色天（空無邊處地、識無邊處地、無所有處地、非想非非想處地）。

於心識深處。

就在當下，於我們周遭或內在，就有可能接觸到這三界。每一生命領域（界）都是那個界的居民的集體意識所造成的。如果我們的世界是安詳、快樂的地方，那是因為我們的集體意識。如果它起火燃燒了，我們也負有共同責任。一個地方是否舒適愉快，完全取決於當地居民的集體意識。如果有五、六個人修行，並且獲得了喜悅、安詳和快樂的成果，然後這些人到某處建立了修行中心，把他們的快樂顯現在那個環境裡，讓他人也能來參與，那麼他們就是建立了一個小的「淨土」。這些生命領域都來自我們的心，是從儲藏在我們識田裡的種子現行出來的。

種子也顯現為兩種世界。第一種是有情眾生的世界——人、動物及植物物種。人類社會、動物社會以及植物物種，全都在集體意識中生起。第二種是器世界，是無生命世界，包括山岳、河流、空氣、大地、臭氧層等等。器世界就是自然界，同樣也是我們的集體意識所創造的。我們的藏識顯現並儲藏所有這些世界的種子，而且它們全都依照某些法則和節奏韻律來運作。

一切存有都是我們心識的顯現。玄奘法師在《八識規矩頌》[1]裡說：「受薰持種根身器。」（接受、反薰、維持並攝受有情的根身及其所依的器世界。）心識接收所有我們從看、聽、嗅、嚐及碰觸而來的經驗和認知，並且被這些經驗和認知所薰染；然後我們的經驗和認知就成為藏識裡的種子。這叫作「薰習」（vasana）。我們所學的每一件事都進入我們的藏識，留下它的「香氣」，並且保存在那裡。我們可能以爲自己忘了某事，但藏識所接收的東西不會有任何遺失，每一件事物都儲藏在那裡，尚未顯現，直到它現行的條件具足爲止。

①見本書後記註⑧。

# 4 傳承

種隨生時有，
或祖先遺傳，
自母胎幼年，
不間斷薰習。

有些種子與生俱來，
承襲自我們的祖先。
有些是在母胎之中，
或孩童時期新種的。

有些種子是在我們人生旅程中種下的，屬於經驗的範疇。而有些種子則是在出生時就已經存在的，屬於天生的範疇。當我們出生時，這些與生俱來的種子已經在識田裡了，那些痛苦和快樂的種子來自我們的歷代祖先。我們的許多能力、習性、身體特徵，以及價值觀，都遺傳自祖先。在人生旅途中，當某些種子現行的條件具足時，它們就會現行。而某些種子在我們的人生中不會現行，但將會傳承給我們的子女，他們又再傳承給他們的子女。也許幾代之後，在我們曾孫的人生裡，讓這些種子顯現的條件具足了，它們便會現行。

基因科學已經發現，我們身心特徵的「藍圖」來自歷代祖先。科學家們進行了老鼠實驗，發現也許要經過七代之後，某個顯著特徵才會再度出現。所以，當我們修行正念時，不僅只是爲自己修行而已，也同時爲我們的祖先以及無數的歷代子孫修行；所有這些世代都已經在我們內在了。即使還只是個小胚胎，我們祖先的經驗，以及無限的時間、無限的空間，都已經包含在這小胚胎的識田裡了。當我們了解此點時，就會覺得對每個胚胎都負有極大責任。

如果我們每週挪出一天來修行安詳、喜悅以及快樂，那麼在這二十四小時裡，我們將會把快樂帶給我們的祖先和未來的子孫們。如果我們讓一個禮拜空過而沒修行，不僅自己失去體驗喜悅的機會，對我們的祖先、子女及他們的子女來說，也是損失。當我們從痛苦中解脫，並體證了安詳喜悅時，我們的祖先也體證了安詳喜悅，而未來的歷代子孫也將遺傳到安詳喜悅的種子。

那些遺傳給我們的種子，可以稱爲「習性」或「習氣」。你可能以爲自己不會唱歌，但是你內在已經有歌唱的種子，遺傳自你那會唱歌的祖母。當狀況對了時，你不但會記起如何唱歌，而且會發現你喜愛唱歌。當你開始練習唱歌時，那些由於欠缺利用而弱小的種子，將會開始發芽並且茁壯。這類種子大多是與生俱來的；要讓它們成熟開花，所需要的只是有利的條件。

覺悟也是一樣。當我們第一次聽到關於覺悟的教法時，以爲這些教法是陌生的，但是我們內在已經有覺悟的種子。我們的老師和同修善友們只是提供機會，讓我們得以觸及這顆種子，並且幫助它成長。當佛陀體證了這條大智大愛之道時，他說：「奇哉！奇哉！一切眾生都有覺悟的本質，然而他們並不知道。所以他們生生世世漂流在生死的大海裡。」❶在我們的識田裡，已經藏有許多健康及善的種子。藉由老師和修行團體（僧伽）的幫助，我們能夠回到自我，並且觸及它們。能夠有一位老師和僧伽讓我們親近，就是讓覺悟種子生長的有利條件。

在我們身體的每個細胞裡，在我們的藏識裡，有著歷代祖先傳承給我們的種子。識的「薰習」在我們出生之前，在母胎中就開始了。我們一入胎時，就開始接受更多種子。我們父親和母親的每一個感知，每一個喜悅，每一個憂傷，都進入我們而播下種子。父母能夠給予子女最好的禮物，就是他們自己的快樂。如果父母在一起生活快樂，小孩就會接受到快樂的種子。但如果父母互相惱怒，彼此折磨，所有這些負面種子都會進入到嬰兒的藏識裡。

孕育新生命來到世間是件嚴肅的事。醫生和護理人員得花上十年才能獲得執照行醫；但任何人未經訓練或準備，就能成為父母。我們需要創建一個「家庭研習所」，讓年輕人在結婚前能花一年時間，練習深觀自己，看看內在有哪些種子是強壯的，哪些又是微弱的。如果正面的種子太微弱了，準父母們就必須學習如何灌溉它們，好讓它們強壯起來。如果負面種子太強，他們就該學習如何轉化自己，改變生活方式，讓這些種子不會獲得太多灌溉。

花一年的時間為結婚成家做準備，並非過分的要求。準媽媽們能夠學習如何在胎兒的藏識裡播下快樂、安詳、喜悅的種子，避免種下不健康的種子。準爸爸們也需要了解，他們的行為方式會在未出世的胎兒藏識裡播下種子。幾句嚴厲的話，責怪的眼神，或心不在焉的行為，在子宮裡的胎兒全都接收到了。胎兒的藏識接收到家裡面發生的所有事；一句衝口而出的話或輕率的行為，有可能跟著小孩一輩子。

在這個研習所裡，年輕男女們也可以學習如何通過接觸他們的祖先和父母，幫助他們了解自己的長處和短處，並學習處理這些種子。這是件很重要的工作。年輕父母們應該記錄懷孕前後所經歷的喜悅和困難，也記錄小孩一到十歲期間的痛苦、快樂，以及發生的重大事件。小孩可能忘記這期間所發生的事，但是如果父母能告訴小孩這些事，會對他們的成長大有幫助；而在他們長大並準備進到這個研習所時，也會十分有益。

我們從父母那裡接受了痛苦的種子；即使我們決定要反其道而行，但若不知道如何修行並轉

❶《華嚴經》〈如來出現品〉：「……無一衆生，而不具有如來智慧，但以妄想顛倒執著，而不證得……」

化這些種子，我們的所作所爲就會跟父母一模一樣。在人生旅程裡，我們持續從父母那裡接收種子。他們的喜悅和痛苦持續地進入我們。如果父親說了什麼話讓母親快樂，我們就接受到快樂的種子。如果父親說了什麼話令母親哭泣，我們就接受到痛苦的種子。

你可以從一開始就保護你的小孩。在懷孕的九個月裡，正念分明地生活是很重要的。而小孩出生後，父母應該繼續保持正念。嬰兒可能不了解你們的對話，但是你們的聲音傳達了感情。如果你懷著愛意說話，嬰兒會感覺到愛。如果你惱怒地說話，小孩也會接受到惱怒。不要以爲嬰兒在子宮裡，或者還小，就什麼都不了解。這個家的任何氛圍，都會進到嬰兒的藏識裡。如果家裡的氣氛沉重，嬰兒也會感覺得到。

很多小孩受不了家裡的沉重氣氛，於是躲在廁所或其他房間裡，避免聽到那些讓他們傷心的話。有時候小孩生病的原因，是父母彼此說話的方式。他們可能會害怕成人，或終其一生都畏懼權威人士。我曾見過，當房裡沒有成人時，嬰兒自然快樂地玩耍，但只要門一開，有成人進來，他們立刻變得無力而沉默。他們內在的恐懼已經十分強大；痛苦從未出生前就開始了。而某些遺傳自祖先的種子，甚至在出生之前就已經在我們的藏識裡了。

小孩子是這麼地柔弱無辜。因此，身爲父母，我們必須盡最大努力，不要說任何會傷害小孩的話。我們要知道，那個痛苦的傷痕會一輩子跟著他們。很多小孩曾遭受父母在身體上或情緒上的虐待，而因此終生痛苦。正念分明地生活，覺知小孩是自己的延續，是非常有益的。深觀並且正念生活，能讓我們明白，小孩就是自己的延續；他們其實就是我們。如果我們曾因爲父母而受苦，我們就知道，自己內在已有來自父母的負面種子。如果我們不能認出這些內在的種子，並且修行以轉化它們，我們就會對自己的小孩做出父母對我們做的事，一模一樣地重複。但是，透過修行正念生活，可以終止這個痛苦的惡性循環。

要了解藏識裡的種子如何跨世代地傳承，佛陀建議我們深觀身體的傳承。你的身體是你父親、母親，以及祖先所傳承下來的。你接收了這個傳承，你的身體就是這個傳承物。在這傳承中的三個要素是：傳承者，傳承物，以及接受傳承者。

佛陀要我們觀這三者的本質，並且發現傳承的空性。我們自問：父親傳承了什麼給我？答案是：他傳承他自己給我；傳承物就是他自己，而我其實就是父親的延續。我就是我父親；我們的祖先都在我們內在。有時候他們在我們微笑、說話或思考的方式裡顯現。然後我們自問：誰是接受這傳承的人？是另外一個獨立的個體嗎？不是。接受者就是傳承物，也是傳承者。傳承物和傳承者是一體的。

當你洞見到傳承的空性時，就能領悟，你其實就是你父親。你不能再說：「我不想和我父親有任何關係了，我太氣他了。」事實上，你是你父親的延續。你唯一能做的事就是，與你父親和解。他並不在你之外，他在你內在。只有具足這樣的了解以及和解，才可能有安詳。

# 5 個別與集體種子

不論從親友，
或社會教育，
諸種皆帶有，
共性與別性。

無論傳承自家庭、朋友、
社會或教育，
我們所有的種子，在本質上，
都是既個別又集體的。

我們的社會、國家，甚至全世界，也都是我們集體意識裡諸多種子的現行。梅村（Plum Village）——我在法國的寺院和修行中心——就是心識的現行。住在梅村的我們，對於梅村有一個共同的集體現行，但我們每一個人心中，也都有梅村的個別現行。端嚴尼師的梅村和法燈比丘的梅村並不一樣。梅村有它個別面和集體面。

如果你說梅村既是客觀的，也是主觀的實相，那並不完全正確。你可能以爲，梅村具有一個你將來能夠理解的客觀眞實，雖然你現在只體驗到主觀眞實，亦即你心識中的梅村。但你所謂的

「客觀」，也是從你的心識中生起的。我們的心識包括了個別與集體，主觀與客觀。然而我們一直相信，心識是一回事，而在心識之外，另有一個外在的「客觀」眞實，基於它而形成我們的梅村影像。

我們做比較、努力奮鬥，一直想知道要如何才能放下我們個別的、主觀的見解，好達到一個對事物的客觀認知。我們想要直接觸及世界的實相。然而這個我們以爲獨立存在於我們認知之外的客觀眞實，本身就是集體意識所創造的。我們對於快樂、痛苦，美麗、醜陋的想法，只是反映眾多人的想法而已。集體意識不只是三、四個人的意識，而是千千萬萬人的意識。有些事物一開始是個別意識創造出來的，之後變成集體意識的一部分。

我們的藏識包含了個別和集體意識。例如：「流行時尚」就是社會的集體意識創造出來的。你相信自己對於「美麗」有獨特的看法，但如果深入觀察，你會發現那其實是基於許多其他人的看法而形成的。當你選購領帶時，你以爲是你選擇了那條領帶；但其實在你看到那條與你藏識裡的種子相應的領帶時，領帶就選擇了你。你以爲你執行了選擇的自由，但這選擇早在許久之前就已經做了。

某一幅畫售價幾百萬元，是因爲我們的集體意識認爲它具有這個價值。某個小孩可能看著這幅畫說很醜，沒這個價值。我們對於這幅畫的欣賞喜愛，不只反映了個人對於美的看法，也包括我們所處社會以及祖先的看法。我們對於食物的愛好也一樣。對我來說，醃芥菜非常美味。我的祖先吃醃芥菜，而我識田裡的種子有著享受醃芥菜的習性。但對你來說，醃芥菜可能一點也不好吃。美味或難以下嚥，美麗或醜陋，是依我們識田裡的種子而定，包括個別以及集體的種子。

民主以及其他政治體制，也是集體意識所創造的。股市、幣值、金價，也都是集體意識的產物。在證券交易所工作的人，一直都在計算、猜測、買賣；因此股價、金價、幣值也上上下下。這些計算和推演創造了一種連鎖反應，帶來一種集體認知，有時候這種推測帶來難以衡量的痛苦。股市的高低起伏，就是我們集體的恐懼與希望的現行。天堂、地獄、國家的憲法、日常生活的消費，都是我們集體意識的現行。

我們識田裡的種子，沒有哪個是百分之百天生，或百分之百傳承來的。也不是說，某些種子純粹是個別的，而某些又純粹是集體的。如果你是位傑出音樂家，這個能力的種子可以說是你個別的種子。但是我們深觀，就會看到它也有集體的性質。你可能從你的祖先，你的老師，或甚至只是聽收音機而接受到這個能力。這個種子是你的，存在你的藏識裡，但它是透過所有你接觸到的每一個人的快樂與痛苦，能力與弱點而種下的。

我們藏識裡的每一粒種子，都是同時既個別又集體的；沒有完全集體或完全個別的。在集體中可以看見個別，而個別中可以看見集體。集體是由個別而來，個別也是由集體而來。這是「相即」（interbeing）的本質。

事實上，天生的種子與傳承的種子，個別的種子與集體的種子，它們的區別都是暫定的。做這些區別有助於我們在知識層面上，更清楚理解這些表面看來相違的概念。有了這份理解，我們在修行上就能有所依據。但當我們的修行成熟，能看見一切事物「相即」的本質時，就不再需要這些區別了。

因此，我們需要超越個別與集體的觀念。每一件事都具有這兩個面向，個別與集體相即（inter-are）。巴士司機的視覺神經似乎只是他個人的，只對他才重要，但是他視覺神經的品質卻可能影響許多其他人的安全。我們可能相信自己是非暴力的，但我們內在有暴力的種子，受到電視、報紙，曾經看過或經驗過的事所灌溉。我們深觀，會看到這種子同時有著個別和集體的性質。

在禪修課程裡，我們練習正念呼吸、微笑、走路。禪修營創造出一個特別的環境，有利於保持正念。那是這種活動的集體性質。藉著正念行走、專注於呼吸，以及練習微笑，我們培養自己個人的幸福。但正如集體在個別之中，個別對於集體也有影響作用。在我們踏出安詳步伐的那一刻，世界就改變了。在我們微笑的那一刻，不但自己稍有改變，那些接觸到我們的人也有所改變。個別對於集體總是有所影響，而集體也總是影響著個別。我們藏識裡的一切種子，都有這雙重本質。在我們練習培養善種子，並且避免灌溉不善種子時，要記得這一點，那是很重要的。

因此，我們需要和那些灌溉我們內在喜悅種子的人來往。我們並非歧視、抵制受苦的人，但是當自己的善種子依然微弱時，就需要和那些能夠灌溉我們內在安詳、健康、快樂種子的人來往。當我們內在安詳快樂的種子比較強壯穩固時，將更能夠幫助受苦的人們。我們必須知道自己何時夠強壯，可以幫助別人，或是會被他人心中苦痛的種子所淹沒。

在禪修中心裡，總是有些人內心承受了很大的苦痛。為了幫助這些人，佛法老師有責任要坐下來，打開心扉，全心全意地聆聽他們。但是如果這位老師不懂得修行正念，沒有正念於個別意識與集體意識，以及兩者的互相影響，他就可能接受超出他所能承受的痛苦，而他也將不再能幫助人。如果他在聆聽時沒有正念，他人的痛苦只會灌溉他內在的痛苦種子。擔任佛法老師並不會讓我們可以做超出能力所及的事。老師們接見在受苦的人，必須限制每天的人數，否則老師們會崩潰。

心理治療師也一樣。你必須打開心扉以了解病人的痛苦，並找到幫助他們的方法。但是，在幫助了他人之後，你需要接觸那些在你內在和周遭世界中能帶來清新與療癒的事物。當你聆聽別人的痛苦已經達到上限時，就必須停止接見病人，直到你重新恢復了自己的安詳健康，這樣才能夠持續幫助人。

你不需要成爲佛法老師或心理治療師，才能幫助人。我們都曾花時間聽朋友訴苦。在聽完他們的痛苦之後，我們可以練習正念步行或做些令人愉快的事。這很可能可以讓我們恢復神清氣爽、心思清明，保持健康強壯，以繼續幫助人。但是如果我們完全打開心扉卻不知自己的限度，內在焦躁不安的種子將會被灌溉，而我們將承受不了。我們必須持續灌溉識田裡的健康種子。許多熱心助人者覺得自己沒有權利休息，因爲需要幫助的人太多了。但是如果他們不休息，不自我充電，不僅會失去安詳喜悅，也將不再能當別人的依靠了。

佛洛伊德是現代心理學之父，他所說的「無意識」（unconscious），在某些方面對應於佛教的藏識。但「無意識」只是藏識的一小部分而已。第七「末那識」，大約相當於佛洛依德心理學派所說的「自我」（ego）。而佛洛伊德所說的「超我」（superego），則與第六「意識」類同。受到佛洛依德影響的榮格，更進一步說，我們內心快樂痛苦的情緒和經驗，也反映了集體意識。榮格的想法有部分來自藏傳佛教；而榮格之後的許多心理治療師，都採納了他的主張。

毫無疑問地，佛教心理學將會繼續影響西方心理學。而心理疾病的治療方法，漸漸地將深受「唯表學派」影響。在特別爲心理治療師開辦的禪修課程中，我們一起練習有意識的呼吸、靜坐以及行禪，認出並擁抱我們的痛苦，而這些練習已成爲生活的一部分了。這是佛教能爲西方心理治療師所做的最佳貢獻。

當我們說到集體意識時，常會認爲是潮流的意識，隨著當前發生的事和流行而改變。但是我們識田裡種子的集體性質，也來自祖先以及在我們之前的所有人。識田裡的種子包括了宇宙時空裡許多人的經驗、觀念以及認知；我們的心識受到時空裡集體意識的灌輸。

所以，我們的藏識在哪裡呢？它在我們身體的每一個細胞裡，也在身體之外。身體的每一個細胞，都擁有歷代祖先所有的個性、特質、經驗、喜悅、痛苦。事實上，我們的基因就像是藏識裡的種子。而就像意識既個別又集體，身體的每一個細胞也是既獨特，又含有整個身體的基因地圖。科學家們現在已經可以從身體的單一細胞，複製出一個完整的生命來了。

我們能夠超越「個別」與「集體」，「內在」與「外在」的觀念。「內在」由「外在」所構成。當我們碰觸自己的皮膚時，我們碰觸到內在的地、水、火、風；同時，我們知道這些元素也存在於身體之外。深觀這些元素，我們可以領悟到，太陽也是我們的心臟。如果內在的心臟停止跳動了，我們會立刻死亡。同樣地，如果太陽（我們的第二個心臟）停止照耀了，我們也會立刻死亡。整個宇宙就是我們的身體，而我們也是整個宇宙的身體。

# 6 種子的品質

人一生價值，
即隨心識中，
深藏諸種子，
品質之優劣。

我們生命的品質，
取決於
深埋識田裡，
種子的品質。

我們是否幸福快樂，取決於心識裡的種子。如果我們的悲心、智慧與慈愛的種子強壯，那麼這些品質就能在我們身上顯現出來。而如果憤怒、敵意與悲傷的種子強壯，那麼我們就會體驗到許多痛苦。若要了解某個人，就必須知道他藏識裡種子的品質。而且我們必須記住，要爲這些種子負責的人，並非只有他自己而已。他的祖先、父母，以及社會，都爲他心識裡種子的品質，共同負有責任。當我們了解這一點時，就能夠對這個人生起悲心。本著智慧與愛，我們將會知道，如何灌溉自己和他人美善的種子，並且認出痛苦的種子，找出轉化它們的辦法。

當有人來尋求指引時，我們必須深觀這個人，好看出深埋在他心識裡的種子。只提供一般性的教導或指引，並不能眞正幫助他們。如果我們深入觀察，將能夠認出這個人的種子品質。這叫作「觀機」❶。然後我們可以建議某一種修行方法，好滋養他的正面種子，並轉化負面種子。

如果某個人讓我們覺得愛莫能助，那只是因爲我們對他（她）的根機觀察得還不夠深入。每個人都有一些快樂的種子；某些人的快樂種子比較微弱，而某些人則比較強大。對你朋友而言，你或許是多年來第一位觸及他快樂種子的人。我們是否能幫助某人，取決於我們能夠看見並灌溉這些善種子的能力。如果我們只看見貪愛、憤怒、驕傲，那就是我們觀察得還不夠深入。

法國哲學家沙特（Jean-Paul Sartre）曾說：「人是自己行爲的總和。」我們每一個人都是行爲的總集，而我們的行爲既是藏識裡種子的因，也是果。當我們做某件事時，那個行爲是一個「因」（業因 karma-hetu）；當它產生果報時，就是「果」（業果 karma-phala）。我們透過身體、語言以及心意造作的每一個行爲，都在心識裡播下種子，而藏識保存並維持這些種子。

行爲（業）有三種：心意的行爲（思想）、語言的行爲、身體的行爲，亦即是身、語、意三業。而思想先於另外兩種行爲。即使我們尚未做任何事或說任何話，有害的思想已經能夠讓整個宇宙顫慄了。我們的話語能影響他人，這是我們的語言行爲。我們的話語究竟帶來痛苦或快樂，取決於我們自己的快樂，我們藏識裡種子的品質。我們身體的行爲，可能是有害，也可能是有益的行爲。所有這三種行爲的種子，都保留在第八識藏識裡。

許多佛教修行人每天唸誦「五念」。第五念是：「我的行爲（業）是我唯一眞正的財產。我無法逃避我行爲的後果。我的行爲是我的立足之地。」人死後將所有財產和鍾愛者遺留身後，那時候只有我們行爲的種子會跟隨我們。心識並不只保留心意的行爲，語言及身體行爲的種子，也跟著藏識從這個世界到另一個世界。

要知道某人是否快樂，只須看看他藏識裡的種子。如果那裡不快樂、憤怒、歧視、無明的種子很強，他就會深深受苦，而且很可能他的行爲會灌溉他人內在的不善種子。而如果他的智慧、悲憫、寬恕、喜悅的種子強大，那麼不但他自己能夠眞正快樂，而且還能夠灌溉他人的快樂種子。我們的日常修行就是，覺察並灌溉自己和他人內在的善種子。我們和他人的快樂都取決於此。

佛陀所教的解脫之道「八正道」[①]裡，正精進有四種練習。第一種練習是，避免未顯現的不

---

❶觀察此人的因緣、根器，所謂「觀機逗教」。

①「八正道」是正見、正思惟、正語、正業、正命、正精進、正念、正定。見一行禪師，《佛陀之心》（*The Heart of the Buddha's Teaching*，橡實文化）第九～十六章。

善種子現行（未生之惡令不生）。「不善」的意思是，不會帶來解脫。如果這些不善種子受到灌溉，它們就會顯現並且增長茁壯。但是如果我們以正念懷抱它們，它們遲早會弱化並且回到藏識裡。

正精進的第二個練習是，讓已生起於意識的不善種子回到藏識裡（已生之惡令去除）。這也一樣，關鍵在於正念。當有害的種子在意識顯現時，如果我們可以認出來，就能夠避免被它困擾。

正精進的第三個練習是，灌溉藏識裡尚未生起的良善種子，幫助它們在意識顯現（未生之善令生起）。第四個練習則是，讓已經從良善種子生起的，在意識顯現的心所，維持得愈久愈好（已生之善令增長）。我們在本書後面會談到意識如何運作。

正精進的練習能夠培養喜悅。如果我們每天為快樂、愛、忠誠、和解、友好的種子澆水，我們會感到欣喜，並讓這些種子強壯、持久。很重要的是，我們要知道如何持續練習。有一個關於佛陀的故事說明了這一點。

佛陀問二十億耳（首樓那 Sona）比丘：「你出家前是位琴師，是嗎？」

二十億耳回答：「是。」

佛陀又問：「如果你的琴弦太鬆會怎麼樣？」

二十億耳回答：「彈琴時會發不出聲音。」

「如果琴弦太緊會怎樣？」

「它會斷掉。」

「修行也一樣。」佛陀說，「你要保持健康，要快樂。不要強迫自己做你做不到的事。」②❷

我們要持續修行，就需要知道自己身體和心理的極限，並在努力和休息之間找到平衡點。我們不該強迫自己修行。修行應該是愉快、喜悅、滋養、療癒的。同時，我們也要小心，不要迷失在感官欲樂裡。正精進的四種練習，就是在這兩個極端之間的中道。

---

②律藏．大品《小部》5。

❷亦可見於《增支部第六集第五五經》、《雜阿含第二五四經》、《中阿含第一二三沙門二十億經》、《增壹阿含第二三品第三經》。

# 7 習氣

阿賴耶作用，
接收保持種，
現行成習氣，
以及諸種子。

藏識的功能，
在於接收和保持種子及其習性，
讓它們得以顯現，
或是潛睡。

我們從祖先、朋友及社會所接收到的種子，都保留在藏識裡，就像土壤保留落在土地裡的種子一樣。種子埋藏在藏識裡，就如同種子埋藏在土地裡。我們很少觸及這些種子，只有在它們顯現於意識時才會知道。當我們感到快樂時，可能會以爲自己內在並沒有憤怒種子；但只要一有人觸怒了我們，我們的憤怒種子就會顯露了。

「習氣」在佛教心理學上是個重要的名詞。我們的種子帶著幾千年的習氣。「習氣」的梵語vasana，意思是「滲透」、「薰習」。如果你想泡菊花茶，就要把菊花放在茶壺裡，關緊蓋子悶一陣子。菊花的香味深深地滲透到茶葉裡，這茶就會有菊花香，因爲它已吸納了菊花的香味。我們的藏識也很有接收和吸納香味的能力。

我們心識的「香味」影響了我們觀看、感覺和行爲的模式。識田裡的種子不僅顯現在心理上，也顯現爲我們感知到的對象，諸如山岳、河流、其他人等等。由於習氣之故，我們無法認知事物的眞實面目。就好像如果你把一張紙弄皺了，就很難再把它攤平一樣，因爲它已有皺褶的慣性力量。我們也是這樣的。

當我們遇見某個人時，其實遇見的是自己的習氣，而它讓我們看不見其他的。我們初見某人時，可能對他有負面反應；基於此，我們形成看待他的習氣，並且持續以這種方式看待他。每當我們看見他，就看見和過去一樣的那個人，即使他現在已經完全改變了。我們的習氣，使我們無法感知當下的眞實。

我們受到父母、社會的行爲及信念影響。但是我們對於事物，有自己的反應模式，而且受到這些模式的制約束縛。我們的習氣是行爲的結果，由我們對事物的反應以及環境所形成。

在某種環境中長大的人，就有某種習氣。當代許多小孩都有看電視的習氣；如果把他們帶到沒電視的地方，他們就不高興。有一個來到梅村的小孩，一發現這裡沒電視時，就吵著要媽媽帶他離開。我們說服他留在梅村半天，在那半天中，有許多小孩跟他一起玩。幾小時過後，他已願意待得更久。最後，他待了三個禮拜。他發現到，即使沒有電視，還是可以快樂的。

這是個好消息。我們有可能改變習氣。事實上，爲了要轉化，我們必須改變習氣。除非致力於改變習氣，否則即使我們懷有轉化自己的最佳意圖，也不會成功。最容易的辦法是，和一個全體修行正念的僧團一起努力。如果我們把自己放在一個得以和大家一起修行的環境裡，就能改變自己的習氣。透過正念的練習，我們就能認出內在的種子，以及它具有的習氣。以正念深觀習氣，就能轉化它們。

如果我們的家人朋友不穩定，也會影響我們的心情。因此，要小心選擇與誰共度時光，這是很重要的。當我們和不快樂的人談話時，我們的藏識就會接收到他不快樂的種子。如果我們在談話中，沒有小心保持自己的善種子時，他的痛苦就會灌溉我們內在痛苦的種子，而讓我們感到筋疲力盡。

正念的修行讓我們能夠創造出新的，比較有用的習氣。如果我們在聽到某句話時，面色驟然大變，那並不是我們想露出不悅的表情，而是自動發生了。若要用新習氣替換掉這個舊習氣，我們就要在每次聽到這句話時就有意識地呼吸。一開始時，我們還不是那麼自然就能做到，需要努力練習有意識地呼吸。然而，如果我們持續練習，有意識地呼吸就會變成一個習氣。任何新習氣都是用同樣的辦法養成的。當你開始在飯後刷牙時，可能有幾次會忘記；但過了一陣子，當它變成一個習氣時，不刷牙就不自在了。

有些習氣很難轉化；抽菸就是個難以改掉的習氣，而關鍵在於正念。每次抽菸時，就練習正念於我們正在抽菸。我們對於此習氣的正念，會一天天加強，於是就會明白我們正在摧毀自己的肺。然後我們會看到，肺臟、我們的健康，以及我們所愛的人之間的關聯性。我們會領悟到，照顧自己也是照顧我們所愛的人。於是，爲了他們也爲了自己，我們會下定決心要好好照顧身體。正念能夠啓發這種洞見。

喝酒是另一個習氣。我們也許每次感到沮喪時就喝杯酒，好忘掉憂傷。那麼，在每次舉起酒杯時，就以正念這麼說：「我知道我正在喝酒。」當正念力強時，我們在飲酒時將能說：「我看到我的悲傷。」隨著正念的加強，我們會更深入地看到，在飲酒習氣後面的沮喪，我們將能夠開始轉化內在的悲傷種子。

快樂也可以是一種習氣。當我們練習行禪時，每一步都帶來安詳喜悅。當我們剛開始練習行禪時，因爲還不太熟練，可能必須費點功夫。但總有一天，我們會開始自然而然地感到安詳喜悅。我們會奇怪：「我幹嘛老是這麼趕呢？」一旦我們對於行禪和正念於其他動作感到自在時，它們就變成好習慣了。

習氣雖然也有正面的，但負面習氣似乎比正面習氣建立得更快。在學校裡，小孩子們暴露在正面以及負面習氣裡，但他們似乎立刻就學會負面的。要年輕人學會欣賞莎士比亞，可能得花些時間；但學會喝酒卻不用太久。當你教導小孩子時，可能必須一再重複，好讓種子能夠牢固地種在小孩的識田裡。就像當你要油漆牆面時，只塗一層是不夠的；你必須在上面刷第二層，第三層。這就是我們學習的方式。

我們必須認出、接納和轉化負面習氣，並且訓練自己養成更多正面習氣。我很幸運，在年輕時就養成每天打坐的好習慣，讓自己平靜並培養出更多的安穩、堅定，以及自由。現在我們有許多人已經養成習慣，一聽到正念鐘聲就回到呼吸和微笑。這些正面習慣需要培養，否則負面習慣總是推著我們，去做和說一些會令自己和他人痛苦的事。

# 8 感知的領域

阿賴耶表別，
形成十八界，
獨影與帶質，
性境諸所緣。

從藏識而起的各種現行，
可以是性境、帶質境
或獨影境。
這些全都包括在十八界裡。

當藏識裡的種子顯現在意識時，我們或者是直接感知，或者是非直接感知。感知有三種模式，或說領域，稱爲三類境或三境：直接感知（性境）、意象感知（帶質境）、純影像感知（獨影境）。依據「唯表學派」的教法，我們的快樂與痛苦，完全取決於我們感知實相的方式。

感知的第一個領域是性境，沒有扭曲直接感知事物本身（「物自身」things-in-themselves）①。在感知的三種模式中，只有這一種是直接的。這種感知方式是在本體或眞如的領域。眞如（tathata）的意思是「如其本然的實相」。佛陀的另一個名號就是「如來」（Tathagata），意思是

「從眞如來，並去向眞如的人」。一切事物，無論是葉片、小石子、你、我，全都來自眞如。眞如是我們生命的所依，就像水是波浪的所依一樣。

我們能夠觸及實相本身嗎？佛法說我們能夠。我們若直接感知一朵花，這朵花可以是眞如世界的顯現。這完全取決於我們如何感知事物：我們是感知到花的眞如，或只是由我們的心創造出一個花的影像。我們的感知鮮少觸及性境，觸及事物本身；我們的感知通常屬於另外兩種——意象感知（帶質境 representations）或純影像感知（獨影境 mere images）。

例如：當我們墜入愛河時，通常是愛上我們對於愛人所懷有的影像。由於心裡的這個影像太強了，令我們寢食難安，什麼事都不能做。所謂「情人眼裡出西施」，但我們所創造出來的「他的影像」，可能非常失眞。

我們並不曉得，我們感知的對象並非眞正的他，而是自己所造出來的影像。直到我們和情人結婚並共住兩三年後，才領悟到，當年我們念念不忘，整夜思念不能成眠的那個影像，大部分都是虛假的。我們所感知的對象——情人的影像——屬於第二種感知，意象感知（帶質境）。我們的心識顯現出那個對境的影像，並且愛上了那個影像。而我們所愛的那個影像，也許和眞實的他毫無關係。那就像是翻拍一張照片一樣。

我們未能觸及事物本身（性境），因爲我們的扭曲影像屬於意象感知（帶質境），而非直接感知。它並不完全屬於眞如世界，因爲它只包括了一小部分的眞實，然後我們在這一小部分眞實上建立影像。我們所愛的人並不是眞實的那個人，而是我們心識所創造出來的影像。這個虛假的影像能夠帶來痛苦。即使我們和另一半同車共乘，卻完全忽視他，因爲我們自以爲已經完全了解他，已經沒什麼是我們再要了解的了。我們被這種感覺和想法束縛了。有時候，憤怒和氣恨取代了愛，但這些感知也仍然與眞實不相符合。

如此，我們可能和某人共住了三十年，卻仍然無法了解他。也許我們現在擁有的「他的影像」，比三十年前所擁有的影像更接近眞實，但它仍然是個影像，仍然屬於意象的世界。科學家

① 「物自身」是德國哲學家伊曼努爾·康德（Immanuel Kant, 1724-1804）提出的術語。康德認為我們透過數量、品質、關係及模式這四個類別來安排經驗的內容，而心的貢獻則是此四類別中之一。這些類別並無內涵，只是為我們有可能經驗到的對象規範了架構。例如，空間並非外在於我們的東西，而只是心中的一個架構，讓事物之間相關連。對於我們所經驗的外在物質賦予意義，是心的一個主動貢獻。事物是否真的如其顯現一樣，是我們永遠不知道的事，因為我們所有的知識都是透過心的過濾而預先建構的。這是康德有名的「區別」——區別不可知的本體（或「物自身」）與現象（或「物之相」）——的基礎。

們已經承認，他們甚至不了解一粒微塵。深觀一粒電子，可以讓我們心懷敬畏，鞠躬作禮。但對於坐在身邊的人，我們卻認爲自己已經完全了解他了。

我們是愛或恨，取決於我們所創造出來的影像。我們的感知、貪愛、瞋恨，大多發生於這種意象感知，或第三種純影像感知。我們也要持續學習，更深入觀照那些我們自以爲是「眞實」的事物，檢視它們是否其實只是意象或純影像而已。

感知的第三個領域是獨影境，純影像感知。在這個感知模式裡，我們所感知到的純粹只是影像而已。如果你走在街上看見一條狗，你對於它的感知是屬於帶質境。如果你回家後夢見這隻狗，你夢裡的影像則屬於純影像的領域（獨影境）。我們在夢裡能「看見」人們、山岳、河川；這些全都屬於獨影境。當我們修行觀想（visualization）時，也是使用這第三種感知模式的影像。

所有的影像，無論是我們在帶質境或獨影境所感知的影像，都是虛妄的。它們不是對於事物本身的直接感知。依據「唯表學派」的教法，我們大多活在帶質境或獨影境裡，而不是如其本然的眞實世界（性境）裡。我們的心識鮮少觸及實相。對於實相，我們自有扭曲的影像，並把自己關在那扭曲的影像裡。

假設你在黃昏時到野外散步；在路徑前方，你看見一條長而彎曲的東西，你「認出」那是條蛇，於是害怕起來。然後有人拿手電筒照在那條「蛇」上，你發現它其實只是一根繩子而已。你原先感覺到的恐懼，只是錯誤感知的結果。看見那根繩子時，你觸及到藏識裡面蛇的影像；你沒有觸及到眞實（物自身）的領域，而是觸及到獨影境了。

我們每天所遭受的痛苦，大多來自出於恐懼和無明的錯誤認知。印度教徒和回教徒、巴勒斯坦人和以色列人，因爲互有的影像而對彼此懷有極大恐懼。因爲他們活在帶質境裡，便持續讓自己和對方受苦。我們日復一日活在帶質境裡，充滿了錯誤和歧視，於是因而受苦。

前五識（眼識、耳識、鼻識、舌識、身識）能夠觸及事物的眞實領域（性境），尤其當它們接觸感知對象，而沒有意識的參與和干擾時。然而，當意識涉入其中時，就會有一些思考和想像，於是透過感官識而來的影像就變得扭曲了。當我們看見一張桌子時，我們所認知的「桌子」屬於帶質境，因爲我們的認知有許多意識參與在內。我們認爲，桌子是可以放置物品的東西，但白蟻則視桌子爲食物。無論我們看桌子爲食物或平板，我們對於它的認知都不在眞實（物自身）領域裡。感官識在性境接觸到的任何事物，接下來由意識處理，就變成了帶質境。不過，即使是我們的意識，偶爾也能觸及事物的實相。

當我們有很強的直覺時，就是意識觸及了眞如的領域。直覺是一種知道，而這種知道並非基於思考和想像而來的。意識的一個工作就是，顯現並且區分透過這三種感知模式而來的認知。要在意識現行，需要感知的主體與對象兩者。西方哲學認爲主體和客體對象是相對的，但「唯表學派」的教法主張，它們是同一實相的兩面。

我們的藏識負責顯現所有這三種感知：性境、帶質境、獨影境。所有這三境都包括在十八界裡，亦即六個感官（六根），它們的感知對象（六塵），以及因而生起的六識。眼、耳、鼻、舌、身、意這六種感官（indriya），也稱爲根門（ayatana），因爲我們所感知的一切，都是透過它們進入的。這些感官是接觸感官對象的根基，感官對象即色、聲、香、味、觸、法。感官根門與相應的對象（vishaya）接觸，便生起感官識。當眼睛接觸到形態時，引生對於形態的覺知，就稱爲眼識。同樣地，當其他五個感官根門接觸到它們感知的對象時，就生起相對應的識。心意的對象是思考、想像及想法，結果就是意識。

法（dharmas），亦即心的對象，可以在這三境——性境、帶質境、獨影境——裡找到。十八界就是存在的領域。有人問佛陀：「什麼是世界？我們如何談及各種事物？」佛陀回答：「存在的任何事物都可以在十八界裡找到。在十八界之外，什麼都找不到。」十八界就是我們個人和集體意識的現行。我們感知的一切對象，都包括在這十八界裡。

當你閱讀本書時，你手中的紙張是性境。問題是，我們能否觸及它的眞實本質？我們可能認爲自己如實地感知到這張紙，但也可能不是。我們被看和想的習慣所束縛，這些習慣取決於一些觀念，諸如自與他、內與外、彼與此、始與終的觀念。當我們將宇宙分門別類時，就只能觸及帶質境，而非性境了。即使我們用自己的手指和眼睛眞正碰觸到紙張（我們感知的對象），但我們所感知到的可能並非紙張的眞如，而是一個意象（帶質境）。

我們能夠觸及性境，亦即眞如的世界，但是由於思考分別，我們通常無法如實地感知事物本身。我們心的本質是妄想分別（遍計、妄計 parikalpita）。這意思是，由於我們感知實相的方式是扭曲的，於是爲自己打造了一個充滿虛妄幻象的世界。禪修就是深觀以達到實相，首先是自己的實相，然後是世界的實相。爲了要達到實相，我們必須放下在心識裡創造的影像，以及自他、內外的觀念。我們的修行是要矯正這種二元思考及分別的傾向，好讓實相有機會顯露。

# 9 異熟與解脫

阿賴耶異熟，
諸現行皆是，
自變與共變，
界地亦如是。

所有的現行都是個別與集體的顯現。
藏識的異熟，
對不同階層、不同界的有情，
作用方式都一樣。

埋藏在識田裡的種子，只有在成熟並顯現於意識時，我們才會感知到。當憤怒和悲傷仍然潛藏時，我們是看不見它們的。但是當我們生氣時，臉紅了，聲音提高了，憤怒的種子成熟了，我們就注意到它了。在我們生氣之前，憤怒的種子就已經存在了，但是埋在藏識裡。如果我們說：「我沒有憤怒。」這並不正確。憤怒的種子是在的，即使它們還沒現行。

表（顯現 vijñapti）是一個重要的術語。顯現出來的，是心識的一種功能，而它也被心識所感知。我們在十八界裡所見到的一切顯現，都存在三個領域裡：性境、帶質境、獨影境。而且一切顯現都帶著個別與集體的顯現（自表與共表）。有時候這些顯現的自表比共表強，有時候則相反。例如：滿月是我們集體和個別藏識的顯現。每個人都有權利賞月，在這方面來說，它是集體的。但是多數人都無暇賞月，因此，月亮對某些人是比較親近的。

我們可以在自己的心裡，創造出天堂或地獄。你需要什麼條件才能眞正快樂呢？如果那些條件從來沒有具足，你會一輩子都受苦嗎？或是你可以想辦法，即使沒有那些條件也快樂呢？我們有許多可以快樂的條件，但很少享用它們。現在就請寫下一些讓你快樂的條件。你能夠安排生活，在快樂條件出現時就認出來嗎？試著安排你的生活，好讓這些快樂的條件具足。別忽略或摧毀它們。如果有什麼是你不喜歡的，要如何讓它變得比較容易接受呢？請好好省思這些問題。

一切現象的顯現，都從我們的藏識生起。藏識顯現爲心行（心理現象）和身行（身體現象）——我們的感官（眼、耳、鼻、舌、身）以及它們的對象（色、聲、香、味、觸）。藏識也顯現爲三種感知領域：(1)性境，或眞如的領域，每當我們具有「相即」、「不二」、「無常」、「無我」的洞見時，我們就能夠觸及眞如。(2)帶質境，我們日常生活的領域，於其中我們被思考方式所束縛，亦即與「不二」和「相即」原則相反的思考方式。(3)獨影境，那是夢、想像以及回憶的世界。

所有這些顯現都帶著個別和集體的表現。一切自然界的顯現（諸如樹木、山岳、河流），一切身體的顯現（包括自己和他人的身體），以及一切心理的顯現（諸如憤怒、哀傷、恐懼、焦慮），全都是具有個別和集體雙重面向的顯現。沒有任何現象的顯現，是純粹個別或純粹集體的。

深觀內在的憤怒種子，我們會看見它的個別性和集體性。我們的憤怒種子根植於我們的經驗，來自父母、師長、朋友，以及人生經歷。陽光普照每一個人，但這並非是純粹集體的顯現。陽光也有個別的面向，對你和對我來說就不一樣。例如，如果我計畫辦個野餐，我就希望整天陽光燦爛。然而，農夫可能希望下場雨，好灌溉農作物。在東南亞，人們希望有雲，好遮擋酷日，讓氣候涼爽些。在北美，炎熱的豔陽天讓人們興高采烈。這些都是太陽的個別面向。

當我們點燃一根蠟燭，很多地方都被照亮了——蠟燭周遭，以及稍遠一些的區域，然後是更遠的地方。當我們點燃第二根蠟燭時，它發出的光，也同樣照到這三個區域。而這三個區域的每一個區域裡，都有強弱不同的、來自另一根蠟燭的光。只要我們點亮了第二根蠟燭，就沒有任何一個區域的光是純粹來自某一根蠟燭的。不同的光照區域並沒有純粹個別的顯現，它們也都有著集體的顯現。

由於一切顯現都具有個別和集體雙重面向，所以就不能說監獄裡的年輕受刑人要爲他的罪刑負全部責任，那是不對的。他是由他的家庭、學校及社會所生產出來的。如果我們深觀就可能發現，在他還小時，父母經常爭吵，讓彼此及小孩都受苦。也許他受到虐待，缺乏愛，缺乏教育，於是逃避到毒品裡以忘掉自己。而由於吸毒，他做正確選擇的能力更弱了；結果，他就犯罪了。

我們深觀就會看見，造成這個年輕人罪行的因緣條件，並不僅是從他的心和經驗生起而已。我們全部都負有責任，我們創造了一些狀況或條件，引導他落入犯罪吸毒的惡性循環裡。如果我們只是譴責或處罰他，並沒有用。人們吸毒是因爲深感痛苦，想要逃避人生。把受苦的人們關到牢裡，並不是解決問題的方法。必須要有愛與智慧，善用一些方法，把他們帶回人生裡，讓他們享有喜悅、清明，以及目標。

我們的恐懼、悲傷、憤怒及快樂，也都帶有自表和共表。我們的大腦不是個人的而已。我們思考、認知及創造的方式，都反映著集體意識。而我們的集體意識也反映出我們所感知到的世界，亦即我們生活在其中的世界，並且幫助這個世界顯現。

藏識又稱爲「異熟識」。你把所有的種子都放在一個容器（藏識）裡，然後等待它們成熟；種子成熟而顯現爲每一個認知、感覺及心行。每一個認知、感覺及心行都帶有自表與共表。「異熟」的梵文是vipaka❶，可以翻譯爲「成熟」。每一粒種子都需要正確的時間與條件，才能成熟並且結果。當它成熟時，種子便轉化爲一種生命形態，眞正顯現出它的特質。例如，橘子花就產生橘子。花種需要正確的時間和條件才能變成橘子，橘子成熟了才能吃。同樣地，一個行爲也需要時間成熟結果。我們所說、所想及所做的行爲，也就是業（karma），需要時間成熟成爲業果。

現象的異熟有三種方式：

1. **異時熟**（在不同的時候成熟）。假設我們挑了一粒釋迦，一串香蕉，以及一粒榴槤，然後把它們存放起來。釋迦會最先成熟，然後是香蕉，最後是榴槤。我們的父母、祖父母、朋友在我們內在所播下並灌溉的種子，遲早都會成熟的。所以沒必要問：「我已經讀了這麼多佛法，怎麼我還沒轉化呢？我已經修練行禪這麼久了，怎麼還沒感到安詳喜悅呢？」每一粒種子自有它成熟的時間。我們的修行，只是灌溉內在正面的種子。我們應該要有信心，如果持續灌溉某粒種子，它一定會發芽成長的。
2. **異類熟**（依類別成熟）。青香蕉只會變成熟香蕉，絕不會變成熟釋迦。
3. **變異熟**（成熟並改變）。當某件事物成熟時，在許多方面都完全改變了。一粒青橘子是綠色並且酸的，而熟橘子卻是橘色而且甜的。

播下一粒種子，是一個「業因」（karma-hetu）。當業因成熟時，就變成為「業果」（karma-phala）。「異熟」指的是一切業因在其成熟時綜合的結果。我們深觀，就會看見自己的心理和生理，快樂和痛苦，都是過去業因所帶來的現在業果。回顧過去，我們能看見過去的行為，在藏識裡種下而成為種子。我們要感謝師長、朋友、父母及其他人所播下的良善種子，讓我們現在修習行禪時能享有安詳喜悅。而看著現在，我們就能知道，如果持續播下並灌溉這些善種子，未來我們的安詳喜悅將會更強。

深觀身心，就會看見我們有多快樂、自在與自由。然後，我們逐漸就會明白，自己過去做了什麼，曾經幫助過我們的人，以及我們的修行，都是帶來這個快樂、自在與自由的因。而我們也觀察到過去做了什麼業因，造成現在的憤怒、哀傷及忌妒。我們只需要看看現在的結果，就知道過去種下什麼行為種子了。

❶舊譯為「果報」。可參考《佛光大辭典》「果報」：https://www.fgs.org.tw/fgs_book/fgs_drser.aspx。

這個偈頌裡提到「界地」。「界」指的是我們在第三章裡提到，生死輪迴的三界，即是欲界、色界、無色界。「地」指的是三界裡的九地（九種有情的住地）：欲界、色界的四禪天、無色界的四無色處。九地細分如下：

**1. 欲界**（kamadhatu）。這個世界裡有許多欲望，追逐事物並且執著。佛陀描述了有情眾生在生死流轉中，一再投生的六道——天人、阿修羅、人、地獄、餓鬼、畜生。阿修羅有才能又聰明，卻憤怒且帶有敵意；餓鬼每天都渴望食物、庇護所、愛或某些可信賴之事物，但卻永不滿足；畜生是只依本能生存，沒有靈性生活、理想或悲心的眾生。這六種有情眾生（天人、阿修羅、人、餓鬼、地獄眾生、畜生）都是在欲界裡。

**2. 梵天**❷。這是色界（rupadhatu）的第一層，又稱爲初禪天。這個世界的眾生各有不同的色身，但想法非常類似。

**3. 極光淨天**。這是色界的第二層，二禪天。這個世界大多是光。這裡的眾生色身大多一樣，但想法各有不同。

**4. 遍淨天**。這是色界的第三層，三禪天，非常安詳清淨。這裡的眾生色身和心都完全一樣。

**5. 無想天**。這是色界的第四層，也是最高層，四禪天。這一層的眾生不具有想與念。
**6. 空無邊處**。是無色界（arupadhatu）的第一層。
**7. 識無邊處**。是無色界的第二層。
**8. 無所有處**。是無色界的第三層。
**9. 非想非非想處**。是無色界的第四層，也是最後一層。

三界九地的存在，是許多人心識的共同創造。例如：我所住的法國西南部的梅村，是老師、弟子、禪修者，以及建立於此的修行團體的意識的集體現行。我們都有修學的意向，因此我們就創建了梅村。無論你是住在欲界、色界或無色界，這些界都是該界的所有居民的集體意識所創造的。

當我們在欲界時，欲界不僅是我們的個別意識，也是集體意識的顯現。西方社會是個消費的

❷一行禪師在此似乎從色界四地中各挑出一天為代表。而色界四地諸天在各經論中說法不一，某些經論中並無「無想天」。可參考《佛光大辭典》「色界」：https://www.fgs.org.tw/fgs_book/fgs_drser.aspx。

社會，但是梅村的修行者參與消費社會的程度，與一般巴黎或波爾多的居民不同。但是我們仍然是住在欲界，那是集體意識的顯現。電視廣告的設計，很明顯是爲了灌溉我們內在的貪欲種子。但在梅村，我們並不看電視，所以我們的欲望不會被這個媒體所灌溉。這是集體現行的消費世界裡，一個個別的現行。

藏識的「異熟」也遵循「同類相聚律」（相似律 Law of Affinity），物以類聚。我們有所爲，有所不爲。爲什麼做此而非彼的原因，已經在「異熟因」決定了，因而導致「異熟果」。「異熟果」的一個例子，就是梅村以及此地的修行團體。「異熟因」是我們過去所種下的種子，把我們帶到那個地方。這稱爲「業力」，在這個例子裡是善的行爲。如果我們有吸毒的種子，就不會去那裡了。但是因爲我們灌溉了內在的佛法種子，於是就被吸引到那裡去了。這麼說來，梅村是預先就決定了的。善的種子已種在我們的藏識裡並受到灌溉，而它們現在發芽了。它們給我們力量，使我們來到此地，並加入修行團體。

有一天，佛陀坐在靈鷲山（Jeta Grove）時觀察到：「比丘們，你們有沒有看到？那些喜歡討論法的比丘們都坐在舍利弗（Shariputra）附近，那些喜歡持戒的則和優波離（Upali）坐在一起，而那些喜歡說法的則圍繞著富樓那（Purna）。舍利弗精於論法，優波離是戒律專家，富樓那則善於說法。」這就是「同類相聚律」的一個例子。我們的抱負、需求及行爲的力量，決定了我們會加入哪一界或哪一地的眾生。當我們找到一位能夠相處愉快的朋友時，就是同類相聚的原則。我們感覺與某人有緣，這個資訊是記錄在我們藏識裡的一粒種子。當這粒緣分的種子成熟時，我們就會被帶向某人或某個情境裡。

梅村是個小地方，而歐洲則很大。我們屬於大區域，而我們來到並居住在這小地方。但是當我們在梅村時，也是在歐洲。同樣地，當我們加入這九地之一時，並不代表我們沒有參與其他八地，只是那種參與比較稀鬆無力。我們總是比較專注參與被「同類相聚律」所帶去加入的階層，但是我們仍然參與其他階層。所有這九地都在我們內在。當某一種現行時，其他就比較不明顯，但是它們仍然存在。

「異熟果」是我們心識成熟後的結果。在成熟結果時，我們的心識會尋找最接近我們行爲綜合結果的那一階層去居住。如果我們藏識裡有行爲是和吸食海洛因有關，「同類相聚律」的力量自然就會引導我們和其他喜歡毒品的人聚在一起。心識裡的「異熟果」以很深刻的方式，引導我們趨向某一界。

讓我們深入去看這本書。這本書是我們集體意識的顯現，因爲你們每一個人都在藏識裡種有修行的種子。也許你讀過另一本書，或聽說過正念修行或佛教心理學，而且你想要更進一步修行有關療癒和轉化的智慧。這可能是在過去就如此了。

而現在因緣條件具足，我寫了這本書，讓你們可以閱讀。我們每一個人的參與，是由我們過去所做的行為而定。為什麼其他人不讀這五十頌呢？因為他們的興趣不同。而某些事決定了我們會如此連結在一起，那已經記錄在我們的藏識裡了，集體性以及個別性的。

這就是「同類相聚律」。我們每一個人都有可能去到所有這六道，無論是天人、阿修羅（憤怒的鬼神）、人、餓鬼、地獄或畜生道。我們全都曾經歷過痛苦，猶如活在地獄裡。地獄並不遠，就在這裡。傳統佛教相信有餓鬼這一類眾生，他們的肚子像鼓一樣大，咽喉像針孔那麼狹小。餓鬼永遠飢餓，無法飽足。佛教國家在每年農曆七月的月圓日，孝子賢孫都會祭拜祖先。但我們知道還有許多餓鬼四處遊蕩，無家可歸。因此我們也施予米餅、水等飲食給餓鬼，唸咒讓餓鬼的咽喉恢復正常大小，然後唸《心經》，施食給餓鬼①。我們也祈請阿彌陀佛，把所有的餓鬼都帶到西方淨土去②。

並非傳統佛教信仰裡才有餓鬼之說，其實我們的社會每天都創造數以千計的餓鬼。他們就圍繞在我們四周，深觀就會看到。他們沒有根，沒有歸屬；在他們家裡，可能父母親一點都不快樂。他們不覺得被教會或所屬團體了解或接納，所以就拒絕一切。他們不相信家庭、社會或宗教，也不相信自己的傳統。但是他們仍然在尋覓，想找到善良、美麗而且眞實的東西可以相信。他們渴求了解和愛。

偶爾會有「餓鬼」來到梅村這樣的修行中心。我們可以很容易就認出他們；即使你給他們愛與了解，他們仍心存猜忌懷疑。要幫助他們，你必須耐心十足，必須先贏得他們的信任。但是因爲他們的咽喉很細小（他們對什麼都心存懷疑，不相信任何事），即使你有愛心，他們仍然無法接受。而由於「同類相聚律」，餓鬼也喜歡和其他餓鬼在一起。如果我們灌溉自己內在的餓鬼種子，我們也會變成餓鬼。然後我們會尋找其他餓鬼聚在一起，組成一個餓鬼社群。

我們到底會走向天人、人、阿修羅、餓鬼、地獄或畜生，已經在我們的藏識裡建立確定了。

①《心經》是大乘佛教廣泛流傳且重要的一部經。據說它包含了大般若波羅蜜多（Mahayana Prajñaparamita）教法的核心精要。見一行禪師，《般若之心：心經注釋》（*The Heart of Understanding: Commentaries on the Prajñaparamita Heart Sutra*, Berkeley, CA: Parallax Press, 1988）。

②大乘佛教的淨土宗強調信力及阿彌陀佛（Amitabha）的悲願，阿彌陀佛是西方極樂世界的佛，發願接引信衆往生淨土。關於淨土，可詳《一行禪師講阿彌陀經》（*Finding Our True Home*，橡樹林文化）。

業的意思是行爲，身體、語言、心意的行爲。日常生活裡的每一個舉動、語言、思想，都有促成某種結果的力量。

假設某人正陷在吸毒的惡性循環裡，那麼無論他去到哪裡，都被那種環境吸引。這就是他藏識的顯現。他過去行爲的成熟結果，把他帶往那個方向去。他的藏識所加入的眾生界，就是他生活方式的結果。但是如果他遇見一個能夠愛他並幫助他的人，他的正念種子得到灌溉，他可能由此獲得一些洞見。藉由另一人的幫助，他有可能脫離那種不良的環境。漸漸地，其他種子的成熟結果，將能幫助他走向並加入其他的眾生界。

我們內在的種子引導我們和同類的人共同生活，無論那種生活是善或不善的。然而，轉化是有可能的。首先，我們必須先決定自己要走向哪個方向。第二，我們發願走上轉化和療癒之道。第三，我們找到一條能夠接受的道路，並且想辦法和其他也想加強正念生活的人一起修行。那些只對飲食、睡覺、性有興趣的人，會一起到欲界去。那些關懷世界上受苦同胞的人，將會找到方式聚在一起爲人服務。這是「同類相聚律」。

要解脫苦惱，安住於喜悅安詳之中，就得接觸並轉化種子，幫助善種子茁壯成長。我們不必死後才能再生或有新生命。修行幾星期或幾個月，就能轉化不善的種子，幫助內在的正面種子成熟。在此時此地，當下就能帶來新生命。照顧好我們的種子，播下並灌溉善種子，不讓負面種子顯現，我們就是走在轉化之道上。我曾見過有人在僅僅修行三、四天之後，就成了嶄新的人。他們可以回家與家人和解，重拾幸福快樂。他們內在的種子，重新開始、深觀、轉化及療癒的種子，受到妥善照顧，而得以很快就成熟結果。我們同樣可以在心識裡播下新的種子，讓我們活得更正面而且快樂；沒有理由認爲我們不行。

# 10 五遍行

無覆亦無記，
恆轉流不停，
時時相應著，
遍行五心所。

無覆且無記，
藏識持續不斷地遷流及改變。
同時，
一直與五個遍行心所相應。

這個偈頌說明了藏識有別於其他識的特質。「無覆」、「無記」、「恆」、「轉」，是藏識的四個特質。「無覆」的意思是無所覆蓋。藏識無覆，因爲它有能力證得究竟的清明。它也是「無記」，意思是藏識本身既非善也非惡，雖然它含藏了一切善與惡的種子。

一切現象不外以下三種性質：善（kushala）、不善（akushala）、無記（aniyata）。我們的每一個行爲、語言及思想的本質，都屬於這三種裡面的一種。善的意思是，對我們自己及他人有益。不善的意思是，對自己和他人有害。無記的意思則是，這個行爲、語言或思想本身既非善也非惡，而是視狀況可以是善的，也可以是惡的。它是有害或有益，取決於我們生活的方式。

藏識恆常運作，日日夜夜毫不間斷。眼、耳、鼻、舌、身、意這六個感官識，則有時候活躍，有時候停息。例如：眼識在白天運作，但我們睡覺時則否，因爲睡眠時眼睛閉著，並不感知任何對象。感官根門只有在與它的對象接觸時，才會有感官識生起。如果我們睡著了而且不在作夢，那麼意識也停止運作了；然而，第七識末那識並不停息。末那識與藏識緊密相連，也是意識的所依。而末那識就和藏識一樣，也從不停止活動。關於末那識，我們在本書下一部會學到更多。

雖然說藏識從不停息，但意思並非它總是一成不變。它就像河流一樣，持續不斷地遷流及轉變。一條河一直都是同一條河，但是河水卻不斷流動改變著。藏識也如此，它是條河，而它包含的種子，就像河水一樣不停遷流。

「心行」或「心所」，是佛教裡非常重要的一個術語，也是我們在這本書裡會一直提到的。一個心行就是藏識裡一粒種子顯現的結果。「唯表學派」將心所分爲五十一種，我們在五十一頌的後面會詳細討論。要了解這一個偈頌，我們必須知道有五個遍行心所（sarvatraga）：觸（sparsha）、作意（manaskara）、受（vedana）、想（samjña）、思（chetana）。這五個心所彼此

「相應」（samprayukta），意思是它們互相聯繫，和合不離。

它們被稱爲遍行，是因爲它們會在所有八識裡表現。五遍行心所與第八識一起作用時，就發揮了藏識接收、納受、保有、維持、保存、儲藏一切種子的功能。藏識的功用，表現於這五遍行心所。然而，五遍行心所在每一識的表現都不相同，因爲每一識的感知模式都不一樣。

要了解心識如何運作，我們必須考慮每一識的本質、感知模式以及感知的對象。在第八章我們討論了三種感知領域亦即是三境：性境、帶質境、獨影境。趨向性境的感知模式是直接感知（現量 pratyaksha pramana），它不涉及思考或想像，也不是比較或推理的結果。在藏識裡，感知模式一直都是直接的。當我們看見火時，知道那是火，這就是一種直接感知，也就是現量。

但是如果我們看見牆後面冒出煙來，而推測那裡一定起火了；這是一種推論，推斷而來的認知（比量 anumana pramana）；它有可能正確，也有可能不正確。例如：如果我們以爲是起火冒的煙，但其實是霧氣，如果看到霧氣而說有火，那就是錯誤的認知（非量 abhava pramana）。佛陀警告我們，我們的認知大多是錯誤的。當面對美麗的夕陽時，我們相信自己感知到當下的太陽。但科學家已告訴我們，當下看見的太陽，實際上是八分鐘前的太陽。我們一輩子活在許多錯誤認知裡，但卻堅信它們都是正確的。錯誤認知就是這麼多痛苦的根源。

藏識不涉及思考、比較或想像，它的感知模式一直都是直接的。因此，當這五遍行心所與藏識一起作用時，它們的模式也一直都是直接的。在第八識裡，觸是直接的，作意、受、想、思也都是直接的。但是在其他識裡，五遍行心所的作用就不一定是這樣，因爲其他識的本質不一樣。

五遍行心所並不在心之外。藏識的本質，也是五遍行心所的本質。藏識和五遍行心所（主體與對象），都是無覆無記，持續遷流，且不斷改變。每一粒種子，每一個對象，以及每一個感知，就像是藏識之河裡的水滴一樣，而且它們也承接藏識的本質。

藏識如此獨特是因爲它的特質，而也正是這個特質，能讓它含藏的種子得以轉化。因爲藏識無覆無記，因爲它的本質是中性的，而且因爲它一直流動改變著，所以它可以轉化。每一天都是轉化的機會。當我們轉化藏識內的種子時，那是在根本所依處的轉化（轉依）。

# 11 三法印

雖無常無我，
藏識卻攝收，
有漏無漏種，
世間一切法。

雖然無常且無我，
藏識卻含藏了宇宙中的一切法。
有爲法以及無爲法❶，
都以種子的形態儲存。

一切現象可以分爲兩類：有漏（ashrava）以及無漏（anashrava）。「漏」的意思是流失、漏洩，是煩惱的異稱。「有漏」，就像水從一個有裂縫的瓶子漏出一樣。它的意思是，我們的行爲不具眞實智慧，我們還未從煩惱中解脫。這些行爲可能在心識裡產生更多的無明種子，結果使我們墮落退步。「無漏」的意思是，我們的行爲清淨，帶來美滿的業果。

假設我們感到喜悅，這個感覺可能是有漏，也可能是無漏。如果我們的喜悅是來自智慧與洞見，我們不會退回以前的憤怒或批判等感受中，這樣的喜悅就是無漏的。有漏與無漏的狀態，不一定是相對的。如果我們看見事物的實質時，那就是無漏。沒有看見事物的實質，我們的見解仍然是有漏。

有漏的現象屬於生死痛苦、輪迴的世界，這是世俗（世間）的面向。無漏的現象屬於不生不滅、涅槃的世界，是究竟的面向。要記住，世俗面和究竟面都是同一實相的部分。波浪有兩個面向：世俗以及究竟。僅只安住在世俗面向（波浪）上，就是活在輪迴裡。但是如果能體悟到波浪的眞實本質是水，恐懼就會消失，而我們將是在究竟面向（涅槃）上。波浪不需要變成水，它本來就已經是了。世俗面並非另外存在於究竟面之外。

在世俗面向裡，現象似乎是有漏的，但只要我們以智慧觸及它的深處，我們就走往究竟面向，那裡不再是有漏的。我們是在世俗面向或究竟面向上，完全視我們的認知而定。通常，我們對於現象有許多二元對立的觀念：生與死、優與劣、高與低、美與醜。所有這些認知都可說是輪迴，讓我們受苦。與此同時，如果我們能記起波浪就是水，我們就超越一切二元對立的概念，而恐懼和痛苦將會止息。我們在世俗面向上認知爲生與死、常與斷、來與去、多與一的，在究竟面

❶有為法：受條件制約的現象，依賴因緣條件；無為法：不受條件制約的現象，不依賴因緣條件。

向上不再被視爲生死、常斷、來去、有無。這些現象已經全部淨化了，它們是無漏的。

我們的行爲是有漏的或無漏的，也依我們看待事物的方式而定。我們可以幫助飢餓兒童，救活一條毛毛蟲，或阻止某人傷害自己或他人；但即使這些善行帶來喜悅和好結果，也可能是有漏的。但如果我們行事的方式，不受空間、時間、自我、他人等等二元概念所左右，那麼我們的行爲是清淨的。

我們可以輕易看出來，某個行爲是不是清淨的。假設某人到孤兒院訪視，他們要求訪客在簿子上簽名並記錄捐款金額。訪客簽名的方式，會顯露他們的布施是否清淨。如果他們捐款一百元是因爲害怕太少不好看，那麼他們的行爲就是有漏的。如果訪客不把記事簿看作其他人捐款的紀錄，沒有考慮和別人比較好不好看，便捐款一百元，那麼他們的行爲是清淨的。當他們布施時，不會告訴自己：「我在幫助孤兒，遭受不幸的人。」那是把自己和受助者分開對立了。他們的慷慨布施是出於領悟到生命無常，只是單純出於愛心而做這件事。

有漏的行爲是在生死的領域，輪迴的面向裡；它們能夠解除痛苦，也能夠帶來更多痛苦。但清淨的行爲則能帶來解脫和無執，並幫助我們不再墮落到惡道①。這兩種行爲無法相提並論。清淨的行爲不計較工作量，或可能帶來的榮耀和利益，它是從智慧和自由中自然生起的。因此，清淨行爲帶來更多的幸福快樂，因爲它是離煩惱，不依於外相的。「有漏」的意思是執著於生死輪迴；「無漏」的意思是已經離煩惱，得到解脫了。

一朵花、我們的憤怒、空間、時間是各種不同的現象，或說各種法（dharmas）。現象可以分爲「有爲法」（**samskrita**）以及「無爲法」（**asamskrita**）。無明覆蓋的心只能觸及有爲法，那是持續不斷改變，有生有滅的現象。而在涅槃中，只有不生不滅的無爲法。但是如果我們深觀，會發現涅槃寂靜，是一切現象的本性。《金剛經》和大乘其他般若經典，幫助我們深入觸及到一切現象不生不滅的本性②。宇宙（法界 **dharmadhatu**）是一切現象的顯現處，包含了一切。

一朵花是有爲法，需要條件具足才能出現，例如：種子、土壤、陽光、雲朵、雨水、土地、

---

①眾生由於業（karma）的結果而投生到六道去。這六道分為三個較高的界（三善道）：天人（devas）、阿修羅（有力而憤怒的天神，與天人為敵）、人；另外三個較低的界（三惡道）：餓鬼、地獄、畜生。雖然這六道都仍然是輪迴裡的存有，但三善道的眾生，尤其是人，能夠轉化他們的心識，並創造往生更佳善道的條件；而三惡道的眾生則難以出離輪迴。

②見《一行禪師講金剛經》（*The Diamond That Cuts through Illusion*，橡樹林文化）。《般若經典》由大約四十部經集合而成，這些文章大約作於西元前一世紀，代表了大乘教法般若（prajña）智慧的基本源頭。這些文章對於後來主要佛教學派，包括禪宗的思想及實踐發展，有極大的影響。

園丁，以及我們的心識，而花生出後又將死去。當我們說某件事物是有爲法，意思是它和其他事物「相即」，它無法獨立存在。當我們深觀花朵時，我們看見這朵花不能獨立存在。而因爲它沒有任何獨立、恆常永久的存在，所以說它沒有獨立之自我。因爲花朵的本性是無我且無常，意思是說它同時充滿著宇宙中的其他事物。如果你深深觸及花朵，你就觸及了整個世界。

佛教某些宗派說空間是無爲法。對我來說，空間是有爲法；空間是由時間造成，而若沒有心識，就不可能有空間。我們的藏識也如此。就像所有其他事物一樣，藏識也是無常，並不獨立存在。從藏識生起的一切心行，也是無常且無一獨立的我。這個識由其他識造成，而其他識由這個識造成。我們可以在藏識中看見「相即」。

我們深觀一朵花，可以看見它包含整個世界：陽光、雲朵、時間、空間，甚至我們的心識。藏識也是如此，它包含了一切法，有爲法以及無爲法。事物依其因緣顯現爲各種有爲法，但是有些事物的顯現並不依任何因緣，這些無爲法是涅槃，究竟的實相。在我們的藏識裡有無爲的種子，涅槃已經在我們內在了。

無常、無我以及涅槃稱爲「三法印」。佛陀說它們是開啓實相之門，深入探究一切法的鑰匙。我們用正念的力量，觀現象界的一切法。當我們注意自己的肝臟時，肝臟能感覺到，並且很高興受到關注。我們正念深觀肝臟，就可以看見它的無常，每一刻它都在變化。即使三個月前我們有健康的肝臟，並不保證它會永遠健康，尤其如果我們不注意、不照顧它的話。同時，我們明白到肝臟無我的本質，它依賴因緣而有。肝臟的健康依賴許多其他因素，譬如我們整體消化系統的健康，飲食，甚至遺傳因素。

當我們深觀肝臟的無常和無我時，就開始了解它的難處了。我們感覺到愛，並想好好照顧它，而我們生活的方式能夠轉化肝臟的狀態。同樣的道理也適用於我們的肺臟、心臟，以及身體的每一個部位。我們不再抽菸，不再吃喝那些會耗損肝臟，使肺機能失常，或阻礙心臟血流出入的飲食。當我們用佛陀給予的「三法印」鑰匙，打開身體的實相之門時，就能開始深入地了解它們。只有深入了解我們的身體，我們才會小心照顧它們。

同樣地，我們可以用「三法印」鑰匙，來打開一切法的實相之門。頭兩把鑰匙，無常與無我，幫助我們發現世間法。當我們深深觸及周遭世界時，是在第三把鑰匙，涅槃的範疇，我們感到自在且無懼。當我們更進一步深入時，可以觸及身體、感覺、認知與心行（色、受、想、行）的究竟面向。藉由正念，我們可以觸及我們的哀傷、憤怒或焦慮。正念是佛陀教導的禪修的主要棟樑，而研習心識，更能夠幫助我們打開實相之門。

無常與無我在本質上是相同的。它們的意思都是，沒有一個獨立、不變的我。當你從時間的角度來看時，就稱爲無常；從空間的角度來看時，就稱爲無我。我們的藏識是無常且無我，它包含了宇宙（法界 dharmadhatu）裡的一切法，有爲法以及無爲法。就像一朵花包含了整個世界一樣。性境可以在花朵和我們的藏識裡找到。

在花朵和我們的藏識裡，也可以找到帶質境和獨影境。你有自己獨立個別的藏識嗎？答案可能是有，只要你知道個別是由集體造成的。你的藏識在身體的哪裡呢？是在你身體的每一個細胞裡。你可以在身體的任何一個細胞裡，觸及整個藏識。複製是有可能的，因爲你身體的每一個細胞裡，都包含了創造整個身體的潛能。一些療癒法如針灸和反射療法也顯示出，透過碰觸某一部位就可以觸及整個身體。

我們的藏識不能單獨存在，它與其他識「相即」。一包含了一切，也是由一切所造；而一切包含了一，也是由一所造。一即一切，一切即一。個別是由集體所造成，集體也由個別所造成。這個洞見幫助我們去除「個別」和「集體」的二元對立觀念。深觀藏識的本質，我們可以看見它眞正的本質既非個別也非集體，而同時是既個別又集體的。在去除掉「完全個別」與「完全集體」的觀念後，我們就開始看見藏識眞實不二的本質了。

# 12 種子與現行

種子生種子，
種子生現行，
現行生種子，
現行生現行。

種子可生種子。
種子可生現行。
現行可生種子。
現行可生現行。

現象（法 dharmas）可能以種子或現行的形式存在。「種子」能生出一切現象，而「現行」則是已經顯現出來的各種現象。這個偈頌說明了種子與現行的關連。當我們不覺得憤怒時，憤怒的種子雖然存在藏識裡，但是並沒有現行。當某人說了些不好聽或傷人的話時，他灌溉了我們內在的憤怒種子，這種子便在意識層面顯現爲心行。

沒有意識的介入，種子也可以在藏識裡影響其他種子。假如我們內在絕望的種子一直受到灌溉，直到它發芽生長，並且變得非常壯大；當它受到足夠灌溉時，就會現行於意識。種子在意識層面顯現時，就變成「現行」，而在這過程中，種子也得到加強；任何有機會顯現的種子，在現行的過程中都得到加強。一粒種子一旦現行，就能接著在藏識內產生其他具有同樣本質的種子。當憤怒在意識顯現爲心行時，如果正念的力量沒有觀照好它，這顯現的心行將會加強藏識內的憤怒種子。

種子不會永久不變，它們總是在轉化和改變之中。我們藏識內的種子每一剎那都在生滅。這些種子的現行，也是每一剎那都在生滅。身行（身體的現象），在每一剎那中也有生與死，每一剎那都在我們的藏識裡，以及身體的每個細胞裡發生。每粒種子和每個現行，在因緣條件下進行著生死的歷程。當諸行顯現時，那粒種子並未消失。種子與現行相即（inter-are）。

我們藏識內的憤怒種子，在意識層面現行爲憤怒時，種子仍然繼續存在。在心識表層現行了一段時間後，憤怒會回到根源，而種子就變得更強大了。如果我們讓任何種子有機會現行，那粒種子就變得更大更強。如果我們知道如何觸及內在悲憫、寬恕、喜悅的種子，並且每天都讓它們顯現幾次，那些種子將會在藏識裡變得愈來愈重要。如果我們觸及內在恐懼、憤怒、痛苦的種子，並且讓周遭的人持續觸及它們，那就是一直在幫助那些種子生長茁壯。

當我們憤怒時，就會受苦。有些人以爲，將憤怒表達出來，就會獲得釋放。某些治療師勸導病人「觸及你的憤怒」或「把它趕出去」。還有一種療法是讓病人在房間裡搥打枕頭；理論是：這是表達憤怒的安全辦法，比眞正搥打別人好多了。但是表達憤怒可能在許多方面加強增長它。當搥打枕頭時，我們是重新經歷憤怒，並讓內在的憤怒種子壯大。我不認爲這是有智慧的作法，事實上這是種危險的方法，因爲當你搥打枕頭來表達已經現行的憤怒時，你同時也在根本上加強了憤怒的種子。

這並不是說，我們應該壓抑憤怒。重要的是，學習接納擁抱我們的憤怒，認出它並且允許它存在。然後我們可以用正念接觸它，轉化它。當我們搥打枕頭時，並不是以正念接觸憤怒，而是讓自己被憤怒淹沒了。事實上，我們甚至沒眞正接觸到枕頭。

如果我們眞正接觸到枕頭了，就會知道它只不過是個枕頭，而不會想要那麼用力搥它。要能認出憤怒、允許它存在、觸及它、轉化它，關鍵在於修行正念。負面心行每次被認出時，就失去一些力量。因此，正念呼吸、正念行走、用正念擁抱並認出顯現的心行，非常重要。我們需要正念的力量，以安全的方式來觀照處理憤怒。

我們應該盡力學習，去認出內在所有的正面和負面種子。然後我們就可以避免灌溉負面種子，並把握每個灌溉正面種子的機會；這叫作「選擇性灌溉」。在人際關係上練習「選擇性灌溉」是很重要的。

嘗試了解你所愛的人的處境，並且避免灌溉他（她）的負面種子，練習只灌溉正念種子。告訴你的另一半：「親愛的，如果你真的愛我，請不要太常碰觸我的負面種子。」你們兩人應該簽份合約，一份和平協定，同意彼此要照顧對方的種子。而這些正面的改變，將會帶來更多喜悅、安詳以及快樂的回報。

# 13 帝網天珠

種子或現行，
皆相即相入，
一由一切成，
一切因一有。

種子與現行，
皆有「相即相入」的本質。
一由一切生，
一切因一有。

第十三頌和第十四頌代表了《華嚴經》對於「唯表學派」的貢獻。無著（Asanga）與世親兩兄弟在第四世紀時，開創了「瑜伽行派」（Vijñanavada school）①。當時的佛教心理學是基於原始佛教的阿毗達摩，華嚴宗的教導並不在佛教心理學的體系內。第七世紀時，玄奘大師將「瑜伽行派」帶回了中國，但當時華嚴教法仍未併入其中。中國華嚴宗第三祖法藏（643-712）寫了

①見本書後記。

《華嚴探玄記》，是第一位將此重要的大乘教法帶入佛教心理學的人。

在第十三頌裡，我們接觸到《華嚴經》「相即」（interbeing）與「相入」（interpenetration）的教法。《華嚴經》是「帝網天珠」（因陀羅網）這個影像的根源。「帝網天珠」是帝釋天所在天界的一部分②。「帝網天珠」是一個廣大的宇宙網格，在所有的網線交會之處均綴有珍貴珠寶；總共有好幾百萬寶珠串在一起而造成此網。由於每一件珠寶都有好幾面，當你看著任一珠寶的任一面時，可以看見所有其他珠寶也輝映其上。在華嚴世界「帝網天珠」裡，「一」既在「一切」之中，而「一切」也在「一」之中。這個絕妙的影像，在佛教裡被用來闡釋「相即相入」的道理。

在有種種分別的日常世界裡，我們視一把茶壺爲單一獨立的物件。但是如果我們深觀，就會看見茶壺包含了各種現象：地、水、火、風、空間、時間。而我們也會領悟到，事實上是整個宇宙共同合作製造了這把茶壺；那是茶壺的相即本質。而一朵花也是由非花的許多因素所造成的，例如：雲朵、土壤、陽光。如果沒有雲朵和土壤，就不可能有花。這就是「相即」。一由一切而成，一切因一而有。

我們可以在每粒種子和諸行之中，看見「相即相入」的本質。「相入」的意思是，「一切」在「一」之中。花朵不可能單獨存在，它必須與其他一切「相即」而存在。一切法（現象）都如此。佛陀說：「此有故彼有。」這是簡單卻深奧的教法。它的意思是，每一件事物都與其他事物相關；一切事物互融無礙。陽光進入植物裡，植物進入動物中，而我們在彼此之中。在「一」之中，我們看見了「一切」；在「一切」之中，我們看見了「一」。在「一」之中，你觸及了「一切」；而在「一切」之中，你觸及了「一」。一即一切，一切即一。這是《華嚴經》所闡述的，佛教中最深奧的「事事無礙」的教義。

英國核子物理學家大衛．波恩（David Bohm）提出「顯秩序」與「隱秩序」，來說明佛教的世俗諦和勝義諦。在「顯秩序」上，每件事物都存在於其他事物之外。大象存在於玫瑰之外，桌子存在於森林之外，你存在於我之外等等。當我們沒有深觀事物時，所看見的就是「顯秩序」。但是，就如波恩所發現的，當我們進一步深入觀察所謂「基本粒子」的本質時，會看見一粒粒子是由一切其他粒子所造成的。我們在日常生活裡使用的觀念，不再能適用於這個極小的領域了。深入觀察粒子的本質，揭露了「隱秩序」，亦即每一件事物都存在於其他事物之中。

「隱秩序」和究竟面向是一樣的，而「顯秩序」和世俗面向是相當的。在世俗面上有生死、始終、彼此、有無的觀念。但在究竟面上，並無生死、始終、有無。究竟面無法以語言觀念來說

---

② 「因陀羅」（Indra）即指帝釋天，是佛教的護法神。

明，因爲語言觀念的本質就是把實相切割成碎片。

當然，要與其他人溝通、研讀佛法，我們必須使用語言文字、想法和觀念。然而，最終我們必須放下這一切觀念，才能眞正地領悟。諸如「同」與「異」、「共」與「自」的文字名稱，只不過是樓梯的踏階罷了。我們必須更上層樓，不要被這些觀念困住了。只要我們還被觀念、想法、語言文字綁住，就無法產生眞正的領悟，不能達到究竟實相。

利用《華嚴經》裡「相入」的教法，我們可以開啓實相之門，擺脫關於世界的一切觀念。我們用來建構實相的概念必須瓦解。我們知道人體有肺可以呼吸，但是更深觀時，可以看見山岳和森林也是我們的肺。沒有它們，我們就無法呼吸。我們有運作良好的心臟，而且明白除非心臟持續跳動，否則我們無法存活。深觀，我們可以看見太陽是我們的第二顆心臟。如果太陽停止運轉了，就像身體裡的心臟停止跳動一樣，我們立刻就會死亡。我們看見我們的身體就是宇宙的身體，而宇宙就在我們自身裡。

只有當我們看透內外、自他的觀念時，才可能有此洞見。當我們用《華嚴經》之眼來看時，會看見宇宙和其中的一切法，都是「帝網天珠」的一部分。我們領悟到，諸如一與多、來與去、共與自、上與下，甚至有與無等概念，都不適用於究竟眞理。

# 14 眞與非眞

藏非一非異，
不自也不共，
一異與自共，
相依而變化。

藏識既非一亦非異，
既非個別亦非集體。
一與異相即，
集體與個別彼此相生。

我的藏識與你的藏識是一或是二？若說它們是二就不對，說它們是一也不對。你和我不是一，但也不是二。一是個觀念，二也是個觀念；兩種觀念都不符合實相。我的藏識是由你的所造成，正如你的藏識是由我的所造成一樣。我們無法說它們是相同或不同，是有一個藏識或許多藏識。「一」與「異」相即。「一」由「異」所造成，而「異」由「一」所造成。一與異，一與多，是對立的觀念，而眞理總是超越對立的。要去除痛苦和無明的唯一之道，就是改變我們的二元思考方式，並超越觀念。

每個現象都有集體與個別雙重本質。就像「一」與「多」相依而生，「個別」與「集體」相依才能發展和轉化。我們必須超越一與異、個別與集體這些觀念。這是「三論宗」的教法，由它的支持者研讀和擴展「中道」教法而來。「三論宗」奠基於三部論典：龍樹的《中論》、《十二門論》，以及提婆的《百論》。「中道」是不受概念限制的。「唯表學派」即包含了《華嚴經》以及「三論」教法的風格。

龍樹教導我們必須超越生與滅、一與異、來與去、常與斷等觀念。龍樹對於這些二元概念的駁斥稱爲「八不」❶。「生」這個觀念的意思是，有什麼東西從無生起了。我們深觀，就會看見事實並非如此；事物無法自無中生起。我們在出生之前就已經存在了，雖然是以不同的形式存在。雲朵是雨水的前生，雨水是雲朵的延續。當能量變成物質時，那只是一個延續。物質並非從什麼都沒有中量產出來的。物理原則和佛法都認同，不能無中生有。

同樣地，有也不能變成無，事物不可能完全消失不存在。當我們燃燒一張紙時，紙並非不存在了，它變成了熱、灰及煙。熱滲透宇宙。煙及其他氣體升上空中成爲雲，雲又生出雨。灰落入土中並滋養土壤。而雨和土是樹木生長的兩個條件，之後，樹木可能又再度變成紙。這麼看，我們可以明白，即使一張紙都超越了生與滅。

「來」與「去」的觀念也不真實。我們說：我來自那個地方，要去向這個地方。或者說：在出生前我在另一個地方，我死後將會在其他地方。但是我們從「相即相入」的教法知道，「此」和「彼」只是概念而已，每個地方都可以在其他任一地方找到。在究竟面上，真的沒有什麼地方好去或來。

而「常」這個觀念的意思是，某些事物一直持續如常地存在，從來不會有任何改變或轉化。這也是一個不正確的觀念；每件事物都具有變化的本質。「斷」則是另一個對立的觀念，意思是當我們死後，身體及心識都不存在了。但是我們已經明白，有不能變成無；我們的身體和心識只是改變形式而已。

我們的心就像是一把劍，把實相切割成碎片，彼此各自獨立。但是實相是無法用我們推論的心來了解的，那個想像的心、分別的心、喋喋不休的心。我們必須學習，如何不用一般的思考模式來觸及實相。我們觀事物「相即」的本質，就能開啓實相之門，放下「一」與「異」、「個別」與「集體」等觀念。這些觀念是不適用於究竟實相的。

❶八不中道：不生不滅、不一不異、不來不去、不常不斷。

第十四頌幫助我們超越「一」與「異」、「集體」與「個別」的觀念。這些成對的觀念彼此創造了對方，就像左與右、上與下。一旦我們用這些觀念修習觀照後，就必須放下對它們的執著，才能真正覺悟。這個偈頌可以幫助我們做到。如果你相信你的藏識和我的相同，那就被恆常的觀念綁住了。如果你認爲你的藏識和我的不相同，就被另一邊綁住了。我們必須放下這些觀念，好看到藏識的真正本質，既非個別亦非集體，並且既個別又集體。

如果我們不能超越觀念和概念，就會被教法或概念所困住。佛陀說他的教法就像蛇一樣，是危險的。佛經說，被教法困住就像是被你想捉的蛇咬傷一樣①。佛陀在經文中說，捉蛇最好的方式是用一根雙叉棍按住蛇頭，這樣你可以從頭後面抓住牠，才不會被咬傷。如果你想徒手捉蛇，你會被咬。研讀教法也一樣。聰明人不會抓住概念和觀念不放，誤把它們當成實相。

---

①見一行禪師，《一默如雷》（*Thundering Silence: Sutra on Knowing the Better Way to Catch a Snake*, Berkeley, CA: Parallax Press, 1993）。

# 15 大圓鏡智

無明滅明生，
藏轉成無漏，
白淨大圓鏡，
無垢照十方。

無明消除時，智慧就呈現了，
藏識不再受制於煩惱。
它轉成大圓鏡智，映現十方世界。
它又名無垢識。

拜修行之賜，當無明黑暗終結時，清明就生起，而我們的藏識變成清淨無垢。當無明轉化時，智慧就呈現。無明是我們一切錯誤認知的根源，造成許多痛苦。而透過觀照萬物「相即相入」的本質，無明得以轉化為般若智慧。

無明是十二緣起（pratitya-samutpada）[1]的一支。緣起是佛教的根本教法：我們的一切心理

①關於「緣起」的深入討論，見一行禪師，《佛陀之心》（*The Heart of the Buddha's Teaching*，橡實文化）第二十七章。

和生理現象，皆因種種條件（因緣）和合而成。十二緣起裡的每一環（nidana）都是下一環生起的緣。無明（avidya）緣行（samskara），行緣識（vijñana），識緣名色（namarupa，亦即身心），名色緣六入（shadayatana，指六個感官根門），六入緣觸（sparsha），觸緣受（vedana），受緣愛（trishna），愛緣取（upadana），取緣有（bhava），有緣生（jati），生緣老死（jara-maranam）。緣起是驅動輪迴的引擎。無明是第一環，是痛苦的主要原因。

「無明」的梵文是avidya，意思是無智慧，不明白不理解眞理。由於無明愚癡，我們在藏識裡種下並灌溉許多不善種子。通過深觀，我們能獲得智慧，轉化這些種子。隨著持續不斷地修行，無明減少而智慧增長。最後終究能完全轉化無明，達到眞正的理解。有時候，般若智慧也稱爲「無垢識」（vimala vijñana）❶。當藏識完全淨化時，就不會再受各種煩惱（諸如恐懼、憤怒、瞋恨、分別等）逼迫。在轉化之後，我們的藏識就自由了。它轉化成「大圓鏡智」，能夠毫無扭曲地映現出眞如世界。

我們平常感知和體驗事物的方式，帶著厚重的虛妄無明，我們的藏識無法顯露它究竟清淨的一面。但事實上，藏識的本質一直是清淨無煩惱的。只有當我們用「無我」和「相即」的智慧深觀，才能轉化無明，讓智慧顯露我們本具的眞如本性。

有些修行者以爲，當無明被摧毀時，就什麼都沒有了，他們還要做的只是等待往生到另一個世界。但是佛陀說：「無明滅時明生。」當無明不再時，智慧生起。當你去除了黑暗，光明就在那裡，而光明帶來覺醒；在那個時刻，藏識裡的一切，個別的和集體的，都淨化了。當藏識清淨無染（阿摩羅識、無垢識 **amala vijñana**），就變成了一面明鏡，毫無扭曲地映現出事物的每一面。生、死、痛苦，轉化成安詳、喜悅、覺醒及解脫。「無垢識」讓我們能在今生，就體證並進入眞如領域。

藏識就像大地一樣，負有保存種子的任務。我們知道藏識的本質是中性的；藏識裡善或不善種子的現行，是依其他識的活動而定。當陽光普照時，土地變得溫暖；而下雨時，土地變潮濕，地裡的種子就能發芽生長，讓大地一片翠綠。當乾季或冬天時，日照比較少，土地就可能毫無綠意。但即使在那時，我們也不能說土地沒有生命，它仍然默默地繼續它殊勝的工作。

其他七識是耕耘土地的園丁。我們用六個感官來研讀修行，把認知的種子播種到藏識裡，然後藏識就像土地一樣開始默默工作。身爲園丁，我們要翻土、播種、澆水、除草、施肥；但是我

❶又譯為：菴摩羅識、阿摩羅識、無垢識、第九識。

們無法取代土地的工作。只有土地可以保持種子，並為我們的努力帶來成果。重要的是，我們要有信心，相信土地會讓播下的種子發芽生長。

在修行上，如果老師要我們在禪修時，觀照某一個特定的對象，我們不應該只是用理智來觀。我們的理智，亦即我們的意識，只是個園丁，它不能做土地的工作。我們該做的是，把禪修的所緣像種子一樣種到藏識裡，並且每天澆水。然後，當我們進行日常活動，行走、站立、躺著或坐著時，我們都用正念幫這粒種子澆水。如果我們持續每天澆水，在沒有預期的某一天，藏識將會獻給我們智慧的花朵。

如果我們嘗試用意識來促使種子生長，種子就會乾枯。園丁無法做土地的工作。在我還小時，有一天早上我看見蓄水池裡有一片美麗的葉子。我伸手想把它撈起來，但是我的手臂太短，搆不到它。於是我撿了根棍子並且攪動池水，希望葉片會浮到水面上來。後來我等得累了，就丟了棍子到旁邊去玩。大約十分鐘後，我回到池邊，看到葉片已經浮在水面上。因為在我離開後，池水仍繼續轉動，使得葉片浮到水面上來。

我們的藏識也像那樣。當它接收到意識的命令要做什麼事時，它就日以繼夜地做。我們很多人都有這個經驗，在路上遇見某位認識的人，但卻想不起他的名字。在回家的整個路上，我們不斷嘗試記起他的名字。我們知道他的名字，但這麼努力想記起來，讓我們頭痛了。所以我們決定暫時忘了這件事，看本書然後去睡覺。而在晚上睡覺時，我們的藏識繼續著它的工作。我們花了好幾小時用意識嘗試記起他的名字，但是現在我們囑託藏識去做這個尋找的工作。在睡眠時，我們的意識停止處理這個問題，但是藏識持續它的工作。第二天早上，當我們刷牙時，他的名字躍上心頭。禪修練習就像這樣。我們必須信任藏識，不是理智在做所有的工作。當我們了解藏識如何工作時，我們的修行將會成功。

這個偈頌是關於藏識的最後一個，然後我們要進入五十頌的下一部分，關於第七末那識。但事實上，我們從來就離不開藏識。藏識是根本，除非在根本處轉化，否則我們將無法完全轉化心識。我們會在關於末那識的偈頌裡提到藏識，也在後續關於意識、五個感官識、修行之道的偈頌裡提到藏識。「相即相入」的教法告訴我們，把實相切割成碎片是不可能的。「一」包含了「一切」。我們只要深觀，就能看見這一點。

【第二部】

# 末那識

第十六頌到第二十二頌是關於第七識，末那識。末那識和藏識之間的關係非常微妙；末那識從藏識生起，把藏識的一部分當作最愛——它自己，並且緊緊抓住不放。它把藏識的這一部分當作一個獨立的「我」，並且牢牢地執取著它，就像是小孩緊抓著媽媽的裙子不放，使她無法好好走路一樣。就這樣，末那識阻擾藏識運作，障礙了種子的轉化。

就像月球對地球的引力造成了潮汐一樣，末那識對藏識的執取，成為讓種子在意識顯現為心行的力量。我們的習氣、無明、貪愛，合在一起產生了巨大的力量，制約了我們的行為、語言、思想。這個力量就稱為「末那識」，它的功能就是執取。

末那識的本質和藏識一樣，也是持續不斷、日夜不停地運作。我們已經學過感知的三種模式：第一種是直接感知（現量），第二種是透過推理或推論，可能正確也可能不正確（比量），第三種則是錯誤的感知（非量）。末那識一直是用錯誤的形式來感知事物。由於末那識的錯誤感知，尤其是它的「我」見，造成了許多痛苦。因此，了解末那識在創造和維持錯誤感知中所扮演的角色，就很重要。

# 16 無明種子

無明及結使，
煩惱等種子，
名色現行時，
騷動為妄識。

無明種子引生
內心貪愛及煩惱結使，
這些力量推動心識，
同時顯現爲身與心。

我們知道藏識現行爲器世界（環境）以及有情世界（我們和其他眾生）。我們的身體就是藏識的現行。身心，或說「名色」（namarupa），透過藏識顯現。然而，當第七識末那識涉入時，藏識中的無明種子就能顯現爲心行，結果就是受苦。

前面提過，藏識也稱爲「我愛執藏」，這就和末那識有關。末那識是無明、渴求和貪愛的力量；它從藏識生起，並且回過頭來執取藏識的一部分。在第八章，我們討論過感知的三個部分；而末那識企圖執取的那一部分藏識，就是感知的主體（見分 darshana-bhaga）。此時，末那識和藏識重疊，而重疊的結果是，末那識所執取的對象就產生了。

末那識執取它所創造的影像，並且黏著於它，把它當作所緣。而被末那識執取的這部分藏識，就失去了自由。當我們的心被末那識執取爲「我」時，心就被奴役了。末那識對於吸引它的對象，緊緊地抓住不放，像是說：「你是我的。」這就像是一種戀愛。事實上，末那識被描述爲「情識」；它實際上就是對自我的執著。末那識是「能愛者」，藏識是「所愛者」，它們的愛戀本質就是執取，而結果就是受苦。

第六識意識以末那識爲所依。意識可以單獨運作，也可以和五個感官識（眼、耳、鼻、舌、身）一同運作。末那識也是我們的「求生本能」。如果在熟睡中，我們突然聽見聲音而驚醒，那是末那識的作用。如果有人對我們扔東西，閃躲的反射動作也是出於末那識。末那識的這種功能是本能的防衛機制，並非智慧的運作。而由於一直要護衛自我，結果卻可能毀了自我。

末那識的活動是思考、認知、算計、推理、執取及抓住。末那識日夜不停地分別事物；「我是這個人，你是那個人。這是我的，那是你的。這是我，那是你。」驕傲、憤怒、恐懼、忌妒，這些視自我爲獨立個體的心行，全都從末那識生起。由於末那識充滿了無明（貪愛、恐懼、黏著），它沒有能力接觸到事物的眞實，事物自身的領域。它永遠無法觸及藏識的眞如領域。它的對象是一個自我的影像，而這自我只存在於帶質境。末那識對自我的執著，是基於它所創造出來的影像，這就像是我們愛上的是對某人所懷有的影像，而不是那個人本身。

六根和六塵的接觸，可能會播下執取、貪愛、憤怒、瞋恨、絕望等種子。這些煩惱稱爲結使（samyojana）或心結。它們有綑綁、激起、推動的力量，剝奪了我們的自由與幸福。這些種子的種植，結使的形成，都是在失去正念和洞見時發生的。

結使並非總是令人不悅的。當我們戀愛時，就在身與心裡種下甜蜜的種子。只要我們一有空，就想看見愛人。即使我們在出門時，並沒打算去她家，卻發現自己不由自主地把車開往那個方向。我們好像無能爲力，被結使的力量一路牽引著。

那就是貪愛和執取的種子。「執取」的意思是緊緊抓住，盲目地黏著。如果我們碰到紅墨水，手指就會變紅。如果我們持續接觸那些充滿貪婪、無明、偏見的人，也會被那些特質影響，而心識就被它們「染汙」了。所有的結使，無論是甜是苦，在我們的心識裡都是苦的結塊，推著我們去做無益於自己和他人的事，而我們仍然照做不誤。我們被某種習氣推動著，那是一種沉迷。

藏識裡有各類心行的種子；內在的這些無明、貪愛和煩惱的結縛，是我們多數行爲的驅動力，並且推著我們走向痛苦。許多佛教典籍稱它們爲「結使」（samyojana），因爲它們障礙我們獲得安詳、喜悅與自由的能力。所有這些貪愛和煩惱的根源是無明，無法看清事物眞相。無明是緣起之輪的第一支；我們的欠缺智慧導致意志行爲（無明緣行），而接著引領我們走向哀傷。

看看酒精上癮的人吧！他身體的每個細胞，每個欲求渴望，都驅使著他去喝酒。那是種意志力量，決定他人生方向的力量。結使造成我們對於某些事物的貪愛，以及想要走往某個特定方向。我們可能想往另一個方向走，但是驅使我們的盲目力量十分強大。它們是基於無明，基於深埋在藏識裡的意志力量，並且顯現爲我們的身心。藉由禪修，深入觀照，我們就能認出並觸及藏識裡這些無明、貪愛及其他煩惱的結塊，並且做出正確努力，不再往那個方向走。

# 17

# 思量

末那的顯生，
須靠阿賴耶，
作用為思量，
執著它為我。

藉著藏識的支持，
末那識生起。
它的功能是思量，
執取種子並當作「我」。

末那識稱爲轉識（paravritti vijñana），因爲它是以藏識爲所依而生起，並不獨立存在。當我們研讀「唯表學派」教法時，必須仔細注意這一點。末那識是基於藏識而轉起，但它同時也是第六識——意識——的根據和所依。

在第八章我們學到每個感官根門接觸到它的對象時，就生起對應的識。六個感官根門是眼根、耳根、鼻根、舌根、身根、意根。這六根與它們各自對應的感官對象（六塵），亦即色、聲、香、味、觸、法，接觸而生起六識：眼識、耳識、鼻識、舌識、身識、意識。感官根門和感官對象同時生起，就像形影般不離。

末那識是意識的所依，就像眼睛是眼識的感官根門，耳朵是耳識的感官根門一樣。不過，意的對象法塵（思想、認知），並不像色、聲、香、味、觸一樣從外在世界生起；相對地，它們是由末那識與藏識中的種子作用而生起。沒有意根接觸的對象，就不會有意識，就像如果沒有眼根接觸的形色，就不會有眼識一樣。識一定是對於某個對象而生起的；所以，我們有七轉識（六個感官識以及第七識末那識），以及一個根本識——藏識。

當我們談到識時，通常認爲它有兩部分：主體及客體對象。主體及客體是當代西方心理學所用的術語。然而，「唯表學派」說每個心理現象都有三個部分：主體（見分 darshana-bhaga），對象（相分 nimitta-bhaga），以及讓主體和對象成立的根據，亦即「自體分」（svabhava-bhaga）。

德國現象學家埃德蒙·胡賽爾（Edmund Husserl）提出，識必須是對於某個對象的識；「唯表學派」也這麼說。憤怒的意思是，對於某人或某事憤怒；悲傷是對於某人或某事悲傷；擔憂是對於某事擔憂；思考是對於某事思考。所有這些心理活動都是識。

當我們看著一個盤子時，看到它有正面和底面；如果沒有底面就沒有正面。正面和底面就像是識的兩個面向，「感知的主體」（見分）與「感知的對象」（相分）。我們不能只有其一，而沒有另一個。此外還有第三個面向——做成這個盤子的物質（自體分）。如果沒有這個基本的物質，也就沒有正面或底面。而就像我們不能說盤底和盤子是不同物質，同樣地，我們也不該想或說：相分不是自體分。而若說盤子底面不是盤子正面，也不正確。我們所知道的關於盤子的一切，都是從做成它的本質——即從其自體所生起。

見分、相分、自體分總稱爲「三分」，而且三者互相依賴。經典中用「三根蘆葦互相依靠站立」的意象來描述。一根蘆葦支撐不了任何東西，而且自己也無法站立。但是如果你將三根蘆葦互相支撐擺放好，它們就能互相撐著站立。如果我們嘗試將識的三個面向（見分、相分、自體分）分開成獨立的個別部分，就違反了佛陀的教導。每一部分都含有另兩部分，每一部分都無法離開其他部分而存在。了解這一點將有助於我們的修行。

器世界和根身（眼、耳、鼻、舌、身）就是藏識所感知的部分——相分。我們所感知的每一件事物——人類、動物、植物、礦物，都建立於藏識的相分上。器世界是自然的世界，有情世界是包括人在內的一切有情生命的世界。這兩者都是我們所感知的對象，也是藏識的「相分」。「見分」是藏識所含藏的。在見分裡面有種子和心行，是它所儲藏和保持的。心行從藏識裡的這些種子生起。每粒種子及每個現行都根植於藏識的相分。感知的主體也是所知，而所知也是心的自體。見分也是相分，相分也是自體分。

末那識也是從藏識的「自體分」生起的。它是一個轉識，根植於藏識。它的功能是執取藏識，把它當作一個獨立的自我。這個執取的種子在我們出生時就有了，並且持續受到社會環境裡許多事物的灌溉。我們的煩惱種子——無明、虛妄、貪愛，顯現為末那識。

末那識的所緣就是藏識的「見分」。就像「感知的主體」自然而然地擁抱「感知的對象」，末那識也擁抱並黏著藏識的這一面（見分），把它當作所緣，而這所緣就變成一個「我」的想法。末那識做的就是思考和計量：「這是我。」這稱為「思量」（manana）。日日夜夜，末那識總是不停地思考、相信、執取，把藏識當作它的所緣，當作獨立的個體。它像一種本能，總是存在著，把所緣當作自己。末那識所感知的境，屬於帶質境以及獨影境。

末那識的本質是虛妄無明。它生於藏識裡的無明結使，亦即存在於藏識中的無明種子。它一直都存在，不斷執取著「我」與「非我」的想法，一直在起分別：這是我，這是我的，這是自我；那不是我，那不是我的，那不是自我。那就是末那識的工作，而且它持續不停地工作著，無論我們是否意識到。

末那識也相信「這個身體是我」。如果只是我們的意識這麼想，就可以用道理勸服它不要這麼相信。但是末那識非常深刻並且強烈地執持這個信念。末那識相信如果身體崩解了，自我也會崩解。而由於末那識的功能之一是求生本能，保護自我，它牢牢地執取著這個信念：我們的身心是一個恆常不變的自我（我 **atman**）。

根據婆羅門（**Brahmanic**）信仰，亦即印度教的源頭，「大我」（**maha-atman**）是一個不變且不死的最初根源，顯現爲「梵天」（**Brahma**）。每個人內在都有一道這種「我」的光，而解脫就是「小我」與「大我」（梵天）合一。這是佛陀在世時，印度主要的信仰。而佛陀所教導的「無我」和「無常」，截然地背離於這種信仰。

佛陀教我們以「無常」作爲工具去探究實相，並發現「無我」的眞理。就像花是由「非花」的因素所成，同樣地，「自我」也是由「非自我」的因素所成。「我」是由「非我」的因素造成的。深觀，會看見組成「我」的「非我」因素——亦即你們全部、一切現象及整個宇宙。但是末那識不知道「非我」。它持續相信有一個永久、恆常自我的想法，所以它一直都在「我」和「非我」之間做分別。要幫助末那識停止執取「我」和「非我」觀念的唯一辦法，就是練習觀照實相「無常」和「緣起」的本質。

# 18 我相

其對象為我，
屬於帶質境，
意與藏識間，
交接時而生。

末那識的所緣就是我相，
當末那識與藏識接觸之際，
我相
就在帶質境中出現。

我們已經討論過感知的三種領域（三境）——性境、帶質境、獨影境；以及感知的三種模式：直接的現量、推論或演繹的比量、虛妄的非量。在性境的感知模式一直都是當下而直接的，沒有推理或計量。末那識的感知模式屬於帶質境。「帶質境」意思是「帶著某些本質」。「末那」可以翻譯爲「意」或者「情識」，中國人用「意中人」一詞來表示愛人，在此「意」也包含了「愛情」的意思。玄奘在《八識規矩頌》裡說：「帶質有覆通情本。」末那識的所緣是帶質境，那個世界的本質是有覆的（受煩惱所覆蓋）。由於末那識是遮蔽而昏暗的，它便盲目地愛。末那識所愛的對象，亦即它牢牢抓住的對象，並不是藏識的實相，而是末那識所創造出來的一個影像。

「末那識」的感知對象，既連結到「末那識」，也連結到「自體分」（藏識）。當末那識和藏識接觸時，這兩股力量就在它們相會重疊之處，生出一個影像來。末那識無法直接觸及事物，它從藏識生起，觸及藏識的一部分，產生一個影像，並把這個影像當作它的感知對象，當作一個「我」，並且愛上它。然後末那識就必須保護這個「我」，亦即它將藏識對象化並執取的部分。

爲了要轉化末那識，我們需要深觀無明和貪愛，是這兩個因素造成末那識這樣的行爲。末那識的根，植基於藏識。深觀末那識，我們可以認出無明種子以及貪愛和煩惱的心行，它們都在藏識裡。這就像是看透一粒橘子，能夠看見未來將從種子生長成的橘子樹一樣。末那識是「有覆」的，被一層無明面罩所蒙蔽。但這意思是它必須被消除嗎？不。末那識裡面有藏識，而藏識包含一切，包括佛性。

事實上，所有的八識以及所有的心行都有著「相即相入」的本質。它們既是集體的，又是個別的。雖然末那識是盲目的，而且它的運作帶來這麼多痛苦，但同時所有其他識也在它裡面。如果我們嘗試滅除末那識，就像是摧毀自己一樣。在花朵中我們可以看見陽光、肥料、土壤；一件事物蘊含著所有其他事物。一即一切。當我們練習如此觀照時，就不會埋怨末那識，抱怨它總是使我們受苦了。在佛教裡，沒有外在敵人，只有我們自己。末那識的對象只是一個意象，我們心裡的一個影像而已，不是外在的眞實事物。當我們比較了解末那識如何帶來這種錯誤的感知對象時，就能學習如何修行以避免如此。

「唯表學派」以及佛教其他學派，描述了一切現象現行的「四緣」。第一種是「因緣」（hetu-pratyaya）。「因」這個字是一個「大」字在一個方框裡。即使「因」本身是有限的，但結果可能是重大顯著的。就像一粒麥子能長出一整棵麥苗。

第二種緣是「增上緣」（adhipati-pratyaya）。有兩種增上緣：對於發展有利的順增上緣，以及阻礙發展的逆增上緣。陽光、雨水、土壤，對於麥子生長成麥苗，可能有益也可能沒有，要看它們各自的時節、分量及品質。如果雨下太多或下得不是時候，植物不會茂盛。然而，並非所有不利條件都會帶來不良結果。也許我們正瀕臨犯錯邊緣，但感謝逆緣，讓我們避免做壞事。在此例子中，這所謂的逆緣實際上是有益的；它們阻礙了有害行爲的發展。

第三種緣是「所緣緣」（alambana-pratyaya）。在這裡，「所緣」的意思是感知的對象。若沒有那個對象，就沒有感知。給孤獨長者是佛陀最虔誠的在家弟子之一。他最初是從大舅子那裡聽說佛陀的，他的大舅子是佛陀的弟子。當給孤獨長者一聽到「佛陀」這個詞時，心裡就出現一個影像，而且感覺到對於佛陀的深深愛戴之情。但事實上，他從未見過佛陀，所以他心裡的影像屬於帶質境。這個意象（他心中佛陀的影像）就作爲「所緣緣」，而這又是基於「增上緣」而來。這裡的「增上緣」就是給孤獨長者的大舅子描述佛陀，以及準備迎接佛陀的方式。後來，當給孤獨長者能夠直接見到佛陀時，他對於佛陀的感知的「所緣緣」就更接近眞實了。

第四種緣是「等無間緣」（samanantara-pratyaya）。每一個現象的現行都需要持續性，否則就會中斷。這一刹那的花朵，需要前一刹那的花朵才能存在。沒有什麼事物可以不需要「等無間緣」而存在。

任何事物的生起，或任何現象要現行，都需要這四緣。我們對於因果的觀念實在是過度簡化了。「因緣」是讓事物生起的種子，但只有「因緣」，並不能生起任何現象，還必須要有「增上緣」、「所緣緣」及「等無間緣」。前一刹那我若不存在，這一刹那我就不可能存在。

末那識由藏識裡的種子（因緣）所生，藏識中的感知（增上緣）幫助種子發芽生長。執著抓住這一部分，末那識創造出錯誤的感知（帶質境）。

末那識的「因緣」是藏識的自體分。末那識是從「執取某部分藏識」的種子生起。末那識的

「增上緣」則是藏識的見分。末那識決定要執持藏識的見分，於是便創造出一個感知的對象。但是藏識的見分並非末那識的直接對象，所以這個緣也不是末那識的直接「所緣緣」。反之，末那識依賴藏識的見分，創造出它自己的特定「所緣緣」。藏識的見分，是末那識發展錯誤感知的順增上緣，末那識將對於實相的虛妄感知，當作「我所愛」而覬覦。這就像是在夢中遇見某人，並且相信那個人是眞實的一樣。

在夜晚，我們的心受制於末那識。睡眠時，我們不是活在帶質境，而是獨影境裡。在睡覺時，末那識督促意識利用藏識中的種子，創造一個能滿足它欲求的環境。意識用藏識中種子的影像來製造夢境，但是夢中人並非眞人。同樣地，末那識的所緣並不眞的是藏識的見分。藏識見分扮演的角色是「增上緣」，而末那識基於它來發展「所緣緣」，亦即它的錯亂感知。末那識基於有利於創造的條件，創造出這個錯亂的「愛人」影像。這是由於藏識裡無明及貪愛種子的蠢動而生起的。

《攝大乘論》以及《楞伽經》將藏識比喻爲大海，而七個轉識被喻爲波浪。由此我們可以認出末那識的根本。末那識以執著看著藏識，將藏識的一分變成它愛執的對象。在這種情形裡，藏識被束縛而無法自由了。當末那識和藏識接觸並重疊時，末那識的所緣就可能出現了。但是這個所緣並非事物本身，只是個意象而已。它只是藏識見分與末那識的一個組合，它與藏識的原始本質——眞如，只有一點點關係而已。

心識有許多功能，每一種功能都是一種心理作用。當我們談到這八識時，事實上是在談心識的八種功能。如果我們嘗試將心識分成八個獨立個體，就違反了佛陀教法的精神——每一事物都緊密地與其他事物相連。我們以爲藏識和末那識是不同的，但是這兩者緊密關連。它們是二，但也是一。

我叫作「一行」（Thich Nhat Hanh），是位法師、詩人，也是園丁。我的詩人面並非獨立於法師面之外，而法師面也不別立於園丁面。我們每個人都有很多面。我們可以分析及看見每一面的根源，但這並不是說，每一面和其他面是獨立的。它們只是一個整體的許多不同面向。

心識也是一樣。八識並非八個識彼此互不相關而獨立存在。心識的不同功能有不同名稱，但是這些功能彼此緊密相關。雖然說它們是八，但也是一。當我們說第一種功能是儲藏種子時，就給這種功能一個名稱「藏識」，然後我們對於藏識就有了一些想法。當我們討論到心識的第二種功能爲思考和計量時，就稱它爲「末那識」。第二種功能自然和第一種相關連，並且受它影響。詩人的功能連結到園丁的功能，同時也受其影響。園丁的功能連結到法師的功能，並受影響。眞實的詩人包含了園丁，而眞實的園丁包含了法師。

末那識的所緣是「我相」，這個相屬於帶質境，當末那識和藏識接觸之際它就被創造出來了。在那時候，這個稱爲「我」的境出現了。它是一種由無明和虛妄建構出的心的產物。它是意象領域的一部分，不屬於眞如或物自身領域。它只是我們受蒙蔽之心所建構出來的東西，就像是我們誤把繩子當作蛇一樣。

藏識就像大海，轉識則像是波浪。當我們了解這點時，當我們記起末那識和藏識的親密關係時，就不會斥責末那識。相反地，我們會努力轉化藏識裡的種子，讓它顯現爲善的，而不令它成爲末那識的錯亂境。

# 19 分別

六轉識所本，
為染淨之依，
有覆而無記，
恆審是性相。

作爲其他六轉識
染及淨之所依，
末那識持續地分別。
它的性質無記且有覆。

末那識是決定其他六轉識——眼、耳、鼻、舌、身、意識——是染或淨的所依。感官識受到末那識深深的影響；如果末那識受煩惱所覆，它們也就被煩惱所覆。如果末那識有部分解脫，它們也就有部分解脫。如果末那識盲目癡迷地愛戀，其他六識就會受苦。末那識愈盲目，感官識就愈盲目。當末那識變得比較能接納，這六識也能享受開放性和接納性。這就是爲何末那識被稱爲「染淨識」，是「染汙」及「清淨」的根本。而要轉化末那識，我們就必須轉化藏識，藏識保有一切種子，而那是末那識的根基。

其他六識有時候停止運作，但末那識和藏識一樣是持續不斷的。末那識日夜不停地工作；它不像藏識雖然持續不斷但不分別，末那識的本質是持續而且分別。「末那識總是分別」，指的是它執取它的對境，並視為自我，它的「所愛」。世界上的一切事物都與我們相關，然而我們卻以為：「那些東西不是我的，只有這個是我的。」我們通常認為自己的行為是合理的，我們只在明瞭之後才行動；但事實上並非總是如此。我們是有些明瞭，但通常我們的情緒比理性要強得多。

末那識的本質就像藏識一樣，是無記（非善非惡）的，但它被無明所覆。「有覆」的意思是被覆蓋了。如果被覆蓋住了，你就看不見光。「無明」的梵文是avidya，字面上的意思就是「無智慧」（vidya是智慧）。覆蓋住末那識的無明面罩，就是分別「我」與「非我」的習性。無記的意思是既非善，亦非不善；亦即有可能從執著與分別轉為放下與不分別。由於末那識是無記的，所以它的轉化是可能的。土地可以長出荊棘，但也可以長出芳香的水果和花朵。

藏識的本質是無覆的，意思是它能變成眞心，即佛性；毫無遮擋阻礙，有可能達到諸物自身的領域。轉化在藏識中發生，當那些會轉變成末那識的種子被轉化時，末那識就被轉化了。於是，在「自我」與「非我」、「我的」與「非我的」之間的分別就消失了。

禪修的目的，是在末那識和藏識的根本上改變。這稱為「轉依」（ashraya paravritti），在根本處轉化。「轉」（paravritti）的意思是轉而走向不同的方向；「依」（ashraya）則是「根本」。只有正念之光能讓這根本的轉化發生。藉由正念，我們可以轉而走向覺醒的方向。修行就是每天一點一點地轉化末那識的本質，令藏識一步步脫離它的掌控。

末那識的根本是無明，深埋在我們藏識裡的無明種子。意識的最高任務就是，發出正念之光照亮末那識和藏識裡的種子，讓我們能看見它們。當我們的意識發光照亮這些種子，以正念深入地觸及它們時，就會穿透無明虛妄的結使，幫助它們轉化。當受到正念之光的照亮時，無明就比較不能現行為不善的身、語、意了。無明是在黑暗中運作的，在光明中就不行。當這些無明結使被轉化時，末那識就被轉化了。

我們的意識不須和末那識直接合作，它可以和藏識裡的種子合作。藏識就像個花園，一塊含有一切種子的土地。花園無法耕耘自己，它需要一位園丁。

當園丁墾土、鋤草、耕耘、播種並灌溉土地時，土地就回報花朵水果來支持園丁的生命。園丁知道並非是他產出成果，而是土地；他的工作只是照顧土地。藉由正念，意識觸及藏識裡無明和貪愛的結縛，痛苦的區塊。這是日夜不停在做的事，就像園丁勤奮不懈地工作。如此，意識幫助藏識帶來修行的成果——喜悅、安詳、轉化。

當我們藉由練習正念呼吸或行禪，用意識來產生正念的力量時，就是在灌溉已經在藏識裡的正念種子。這會產生更多正念力量，更深入照進藏識。當我們用正念力量觸及其他種子時，就幫助這些種子轉化。當正念觸及美善、正面的種子時，它幫助這些種子成長，並且更清楚地展現；而當它觸及負面種子時，則幫助這些種子轉化。

當我們來到修行中心時，是帶著藏識和末那識來的，而我們接受了佛法的種子。意識在藏識裡種下這些種子，我們不能把佛法的種子只保留在理智或意識層面，必須把教法深入整個人內在，將它種在藏識的土壤裡。然後，日日夜夜，在行走、打坐、吃飯、飲水等一切活動中，我們以正念來灌溉這些種子。

我們可以信任藏識；藏識絕不會停止活動。在夜晚，我們的意識可能休息而停止運作，但藏識仍持續工作。園丁下工後，土壤仍持續工作，好幫助種子發芽生長。自然而然地，我們遲早會有所突破。覺醒的花朵和成果，將會從藏識裡生起。意識必須信任藏識，就像園丁必須信任土壤一樣；這兩個角色都很重要。但是，要記住，覺悟和洞見並非來自意識，也不是來自理智上的了解，而是來自藏識的更深智慧。在轉化後，藏識就變成大圓鏡智，發出光芒照亮一切。

要讓覺悟之花綻放，我們必須在藏識裡種下覺悟的種子。如果只是用意識在做心理體操，我們不會進步的。許多人把學來的教法保持在意識層面，持續用理智鑽研操弄。他們即使一直在思考談論教法，卻從未學習如何把佛法的種子種到藏識裡，交託給肥沃的土壤。如果你只是用意識在練習禪修，你永遠不會成功。不要對你從禪修老師那裡學到的東西，做太多思考或推理。反之，把佛法的種子種到藏識裡。然後，在日常生活中，無論你在行走、站立、躺臥、打坐、煮飯，或在電腦前工作，都用正念灌溉這些種子。如此，你的藏識，你那塊土地，將會讓佛法種子發芽，而覺悟之花將會綻放。

在第十一章，我們學到了「三法印」——無我、無常、涅槃。描述涅槃的另一個方式是「相即」。觀照一切法無我、無常、相即的本質，能減少末那識裡的無明，更趨近無分別的智慧。這種智慧能幫助我們洞見「相即」的眞實本質。在「此」和「彼」之間並無區隔。好好地修行，末那識的無明將能夠轉化爲平等性智。

# 20 與末那識相應

相應五遍行，
妄慧四煩惱，
以及八大隨，
皆有覆無記。

末那識與五遍行、
五別境中之妄慧、
四根本煩惱及八隨煩惱相應。
這些全都是無記而有覆的。

在五十一個心所裡面，有許多都和末那識一起運作①，其中包括五遍行心所，亦即觸、作意、受、想、思。這五個心所存在每一個心識裡，因此叫作五遍行。當這些心所與某一心識相應時，它們就帶著那一心識的性質而表現。因此觸心所表現於末那識時（有覆），跟它表現於藏識時（無覆）不一樣。末那識恆審思量的作用，透過這五遍行而表現。末那識總是一直不停地透過觸、作意、受、想、思這五遍行的活動，執取藏識並把它當作「我」。

五別境（viniyata）心所並不會出現在每個心識中。它們是：欲（chanda）、勝解

（adhimoksha）、念（smrti）、定（samadhi）、慧（prajña）。這五別境裡的第一個是「欲」，含有「吸引」的性質；你被吸引去看、去知道、去感到興趣。第二個「勝解」，也可說是識別能力，你認為你認識一個對境，對它有個想法。第三個「念」的意思是注意，你注意到出現在當下的這個情況，你憶持著它，儼然它是真的一樣。而「定」的意思是，把注意力專注在那個對象上。「慧」的意思是，你相信你真的知道那是什麼。

這五別境心所的梵文可能讓人搞不清楚，因為它們表現在不同的心識時，有不同涵意。尤其是「慧」（prajña）。在末那識的「慧」並不是真正的般若智慧（prajñaparamita），對真理的了解。它的意思是一種理解或信念，只是一種想法、一種主張，並不是真的智慧。事實上，末那識的「慧」通常是基於錯誤感知——你相信你是對的，但你錯了。你認為你看見一條蛇，但它只是一根繩子。

①五十一個心所是五遍行、五別境、十一善、二十六不善、四不定心所。不善心所更進一步分為兩類：六根本不善（根本煩惱）及二十隨煩惱。六根本煩惱是最毒的心態，它們是：貪（raga）、瞋（dosa）、癡（moha）、慢（mana）、疑（vichikitsa）、邪見（drishti）。第三十章詳細談到所有這五十一心所。關於心所的更詳細探討，可見一行禪師，《佛陀之心》（*The Heart of the Buddha's Teaching*，橡實文化）第十一章及第二十三章。

我們時常執著於自認爲是眞實的東西；強烈確信它絕對是眞實，而且對此確信毫不讓步。這是爲何末那識裡的「慧」叫作一種錯誤的知見。讓我們把「般若」（prajña）一詞保留給眞實智慧、眞實洞見。而當「慧」心所根據末那識的錯誤感知而表現時，那是「妄慧」（mati），意思是這種了解有可能是錯的。當我們感知某件事物時，即使感知有誤，卻還是認爲自己是對的。我們看見某個東西，執取它，然後說它是千眞萬確的。末那識說，這個它所創造出來的「我」，作爲它感知對象的「我」，是最重要的。這個知見是有覆的，它是「妄慧」（mati），是一種被強烈執持的錯誤認知。

佛陀用一個寓言故事來說明這種想法。有個小男孩的爸爸，把小孩留在家裡，自己外出幾天。當他回到家時，發現房子被強盜放火燒毀了。他在廢墟附近發現小男孩燒焦的屍體，他匍匐在地，哀傷地搥胸嚎哭。隔天他辦了一個喪禮，把骨灰收集好裝在一個漂亮的絲袋裡。這個人對小男孩非常執著，不論去到哪裡，他都隨身帶著這個骨灰袋。他不知道他的小孩其實仍然活著，被強盜擄走了。

過了一陣子，這小男孩逃出來了。他在半夜裡回到了家，是他父親重建的房子。當他敲門要父親開門時，這個確信兒子已經死了的爸爸，變得非常憤怒。他大吼：「走開！別煩我。我兒子死了。」這小孩再三地想要讓父親相信，自己就是他的兒子，但這個爸爸太確信兒子已死，根本不聽。最後這個兒子只好放棄離開了。

有時候我們太黏著於自己所相信的，甚至當眞相出現在眼前時，卻拒絕接受。這種對自己信念的盲目堅信——盲信的精神——是修行的敵人。對自己的所知，絕對不可確信無疑；當更高眞理的訊息到來時，我們必須準備好隨即放下所知。這叫作不執著於「見」，是修行上最重要的因素之一。任何「見」，無論如何高貴殊勝，即使是佛教信仰，都可能是陷阱。要記住，佛陀曾經警告我們，他的教法就像是條蛇，如果不知道接受教法的正確方式，就會被它們纏住。我們會被蛇咬。

第二十一頌也提到，和末那識牽扯在一起的煩惱（klesh）；煩惱是不善的心所。這個偈頌裡提到的四個根本煩惱，都跟「我」的想法有關。它們是「我癡」（atma-moha）、「我見」（atma-drishti）、「我慢」（atma-mana）、「我愛」（atma-snesha）。「我癡」是對於自我的錯誤想法，例如相信：「我是這個身體，我是這種感受，我是這個認知（想）。凡不是這個身體、這種感受、這個認知的，就不是我。凡發生在他人身上的就與我無關。」事實上，我們所稱的「我」，和宇宙中其他一切都有關連。如果我們取一個微塵，將它塑成一個形相，並稱它爲

「我」，那並不是眞的我，而只是帶質境裡的「我相」而已。它不屬於性境，所以說它是「對於自我的愚癡」。

「我見」則認爲自我是獨立恆常的，離於其他因素而存在。「我慢」是一種自以爲比別人更好、更明智、更美麗或更重要的心態。「我愛」是我們極度愛自己，所說、所做或所想的任何事，都顯示出我們被自己綁住了。這四個根本煩惱總是存在末那識裡。我們的修行就是照亮末那識，好讓它解開對自我的信念。

這個偈頌裡提到的「隨煩惱」，比前面這些自我的虛妄觀念要少些痛苦。它們可更進一步分爲大隨煩惱、中隨煩惱、小隨煩惱。末那識與八個大隨煩惱相應，它們是掉舉、昏沉、不信、懈怠、放逸、失念、散亂、不正知。這些不善心所，無論是遍行或別境心所，都帶著相同的本質，都是有覆無記，就和末那識一模一樣。海洋是鹹的，所以每一滴海水也都是鹹的。心所具有與它們相應的識的特質。由於末那識被無明遮蔽而且無記，所有在末那識的心所也具有相同性質：有覆無記。而由於它們是無記的，因此可以被轉化。

# 21 如影隨形

末那隨藏識，
如影隨其形，
是求生本能，
為愛欲根本。

末那識總跟隨著藏識，
如影隨形，形影不離。
它是受誤導的求生本能，
渴求延續及盲目的貪愛。

末那識總是跟隨著藏識，如影隨形，形影不離。末那識盲目地隨逐它在藏識裡抓住的任何種子，無論是善或不善的。但是根據「相即」的教法，不善之內總是含有善的潛力，就像在垃圾裡能見到花朵，花朵裡也能見到垃圾一樣。因此，轉化和覺醒是有可能的。當末那識覺醒了，被轉化了，它就有「平等性智」（samata jñana）的殊勝功能，意思是在「一」中見到「一切」，在「一切」中見到「一」的能力。

我在前面曾提過，末那識的功能包括我們的「求生本能」。因爲它執著於「我」的想法，所以總是採取行動保護自己。當我們睡覺被驚醒時，會有反應是因爲末那識。當有人攻擊而我們閃躲時，那個快速的自我防衛反應也屬於末那識。意識還沒來得及考量形勢、採取行動時，末那識已經自動地、本能地反應了。末那識的這個功能，類似於生物學家所謂的「原腦」，它的作用完全只爲了求生與自衛。

每當我們身陷極大危險時，末那識便全力運作，督促我們逃跑或採取任何必要的自救行爲。但因爲末那識是盲目的，它的本質是被無明遮蔽而昏暗不明的，因此常常都帶我們走錯方向。在描述「求生本能」潛在的自我毀滅面時，現代心理學家用了一個影像：一條身上有隻蚊子的蛇。爲了要擺脫蚊子，蛇便躺在路上好讓車子輾過它——這樣蚊子便死了，但蛇也死了。人類的行爲也是如此。末那識就是這種思想背後的力量。

因爲末那識黏著於「我」的想法，所以具有防衛性及保護性。它有自衛本能，總是渴求著一個永恆的自我，好滿足自己。意識則能夠練習深入接觸與深觀，好接觸到實相。由於末那識的本質是虛妄、無明及分別的，它被囚禁在無明和貪求長久滿足之中。末那識想辦法滿足貪愛，即使這麼做可能是不健康的。它驅使我們往獲得欲樂的方向走，但通常那種欲樂並不會眞的帶來幸福快樂。由於末那識看不見它要去哪裡，因此旅程的結果通常是痛苦多於快樂，憂傷多於喜悅。

# 22 解脫

**證初地了斷，**
**煩惱所知障，**
**八地了俱生，**
**末那解放藏。**

---

證得菩薩道的初地時，
所知障和煩惱障被轉化了。
到了八地，行者轉化了獨立之「我」的信念，
藏識從末那識解脫了。

依據大乘佛教，菩薩在獲得圓滿覺悟之前，總共要歷經十個階位——十地（bhumi）①。初地是「歡喜地」（pramudita-bhumi）；當我們開始修行時，體驗到極大的歡喜，因爲我們已經能夠終止日常生活中喧鬧、索求、緊張的活動。我們感覺到擺脫事務，將它們拋諸於後的喜悅。你

---

①見一行禪師，《相即：入世佛教的十四項正念修習》（*Interbeing: Fourteen Guidelines for Engaged Buddhism*, Third Edition, Berkeley, CA: Parallax Press, 1998）。

愈能放下，就愈感到喜悅。你原本認爲快樂必須要擁有這個或那個，但是如果你放下這些想法，就會發現它們其實是快樂的障礙。在初地，我們已能放下許多過去束縛我們的東西，而有了很大的釋放感。但是，身爲菩薩，我們不能停在那裡。如果我們執著這個「歡喜地」，只想留在那裡舒服地自己享受，就不能在菩薩道上前進了。

當菩薩進到初地時，他（她）體證了兩種障礙的轉化——「所知障」（jñeya-avarana）以及「煩惱障」（klesha-avarana）。根據佛教思想，當我們知道某事，學習了某事時，它也可能變成進步的障礙。如果我們執著於所學到的是絕對眞理時，就被那個知識障礙了。因此，我們對於自己的所知必須非常小心，它可能是轉化以及快樂的障礙。求知就好像爬梯子一樣：要踏到上一階，就必須放掉目前所站的這一階。如果我們相信自己所站的階位已是最高，那麼就不能更上一層了。

修行的重點，是永遠要學習放下，放下我們已學到的，已得到的。絕對不要相信，你所知道的就是絕對眞理。這反映在梅村「相即共修團」（Order of Interbeing）正念修習的第一項。如果你被目前擁有的知識束縛了，那就不會再進步了。如果科學家執著於他們已知的，那麼就不能再發現其他眞相了。當他們學到與過去所知相矛盾，或取而代之的新知時，就必須能夠立刻放掉過去的已知。在修行之道上，知識是個必須克服的障礙。我們必須準備好隨時放棄所知，好得到更高層次的了解。這一點非常重要。

在初地，我們已經開始斷除「煩惱障」與「所知障」了。「所知障」多發生在智識領域，而「煩惱障」則多在情緒領域。我們的忌妒、瞋恨、憤怒、憂傷、絕望及焦慮，都是「煩惱障」。如果憂傷大到讓我們癱瘓無力，那是「煩惱障」。如果我們太過於絕望、痛苦或貪求，這些全部都是修行的障礙。

我們的無明以及無能看見眞理，則屬於「所知障」。這個意思是，我們看待事物的方式並非它們眞實的樣子，就像末那識的「妄慧」（mati）一樣，是一種可能錯誤的理解或信念。我們的觀點、感知、學習，全部都是我們認知的對境，而這些就是阻擾我們向前進步的障礙。我們想：「對於那件事，我已經完全了解，不需要再學更多了。」但我們才剛爬到梯子的第四階，卻以爲已經到達最頂端了。無論我們的理智和洞見是多麼有價值，都必須放棄；如果不放棄，就無法向前進步了。即使它有些價值，但我們的知識已經變成障礙。如果被知識束縛住，認爲我們的所知是絕對眞理，就被「所知障」所苦了。那些有所知，但也知道必須放棄所知以更進一步的人，就不受「所知障」所苦。

「所知」就像是水結成冰塊一樣，讓河水無法流動。我們需要知識，但是必須要有智慧地使用它。當我們認為目前的知識已是至高無上時，前進的路就被阻擋了；我們的所知變成了障礙。這種看待知識的方式，是佛教十分特別之處。佛陀教導我們不可執著於任何境界，甚至必須放捨我們的洞見、我們的理解、我們的所知。

「所知障」比「煩惱障」容易去除。「煩惱障」需要比較多時間、比較多修行才能消融化解。我們的憤怒、痛苦、絕望，是藏識裡的結使；必須練習用正念的力量來深深地觸及它們，好看到它們的根源並轉化它們。安穩對於我們的幸福來說是重要的。練習行禪時，你具足正念踏出的每一步，應該都能幫你培養出更多的安穩與自由。當貪愛、憤怒、忌妒，在意識現行為心所時，那就像是發燒了一樣；它會燃燒。但是在初地「歡喜地」，菩薩開始去除「所知障」和「煩惱障」，並且體驗到與之前相反的清新境界。

當菩薩到達第八地「不動地」（achala-bhumi）時，「俱生之我」的信念就被轉化了。當你達到菩薩道的這一地時，「相信有一獨立自我」的根深蒂固的信念消失了，在那一瞬間，末那識對於藏識的執取也放開了，從「有一獨立自我」的信念中解脫了。在這之前，即使我們可能已經對於「無我」有些智識上的了解，但是對於「自我」的信念，仍然深深地根植於末那識裡，幾乎是與生俱來的。這就是爲什麼我們得一直修行，直到菩薩道的第八地，才能根除這個信念。那時藏識解脫了，轉變成「大圓鏡智」。

對於自我，有兩種執著。一種是我們在後天所養成的執著習慣（分別我執），另一種是我們與生俱來的執著（俱生我執）。這一個偈頌指的是第二種我執。對於自我的執著已經存在很久了，藏識帶著這些種子，生生世世地流轉。當菩薩到達了第八地「不動地」時，她轉化了「俱生我執」，而末那識則轉變成「平等性智」。對於自我的分別、無明、貪愛的所有結使都被轉化了，這都拜意識長期觀照所賜。

當這件事發生時，末那識就轉化了。在轉化之前，末那識是執取和分別的力量。現在它變成一種智慧，能夠感知「相即」的眞正本質。在「我」和「非我」之間不再起分別，你就是我，我就是你。我們「相即」，之間沒有界線。菩薩在這一地體證了，自我以及一切現象「相即」的本質。這個能夠看清並將它落實於生活的能力，就是「平等性智」。

「行」（現象）是種子的顯現，而「行」又產生種子，並加強種子的力量。不只心理的現象來自藏識裡的種子，物理及生理的現象也是藏識裡種子的現行。十八界裡的所有現行：六根、六塵、六識，都來自藏識裡的種子。禪修者學習探究這些現象的眞實本質，視它們爲世俗的安立（假名 prajñapti，或名言施設 samketa），而非獨立的實體。它們是我們認知、概念、觀念、譬喻、名稱、語言的對象。因此，在我們日常生活運作中的一切種子，它們的播種和生長可以稱爲「名言習氣」。除了「名言習氣」之外，還有「我執習氣」，意思是執著於「我」的觀念的習氣。藏識也被形容爲「執持識」，因爲它不只支持所有的感官根門、對象及感官識，也是未來的存在及其各種顯現的所依。而由於再生的種子已在日常生活中被播下和灌溉，第三種薰習也正進行著。這是「有支習氣」，亦即十二因緣或緣起（pratitya-samutpada）。藉由修習正念、專注、深觀，就有可能逆轉這個傾向。深觀「諸行」只是名言施設，認清它們並無獨立個別之我，轉化我們的執著與貪愛，這些能力將帶我們朝著解脫和療癒的方向邁進。

【第三部】

# 意　識

接下來的五個偈頌，第二十三頌到第二十七頌說明第六識意識（manovijñana）的本質和特性。正如我們前面學過的，末那識是意識的所依，而由於末那識的感知模式一直都是錯誤的，所以意識感知到的，也大多是虛妄不實的。由於末那識的本質是有覆的，所以意識通常也受到無明覆蓋。然而，與末那識不同的是，意識也能夠用其他感知模式——直接感知（現量）或推論（比量）。當我們的意識能夠直接感知事物時，它就能夠觸及眞如的領域。

訓練意識正確感知的方法是透過正念，這也是意識最重要的貢獻。當我們具足正念，覺知所有的身、語、意行爲時，便可以選擇以善的方式來行動、說話、思考，而不是以不善的方式。藉由意識產生的正念力量，我們可以選擇避免灌溉藏識裡憤怒、貪愛、無明的種子，而灌溉喜悅、安詳、智慧的種子。由此可知，訓練意識養成正念的習慣，是十分重要的。

# 23 認知的範圍

依意根為本，
法塵為對象，
產生出意識，
認知界最廣。

以末那識爲所依，
以法塵爲對象，
意識顯現它自己。
它的認知範圍是最廣的。

我們在前面已學過，當六根接觸到對象（六塵）時，識就生起。前五識和我們的感官感知能力相關連，且各有一個感官作爲根基，亦即眼、耳、鼻、舌、身。

意識以末那識爲所依，以一切現象爲所緣而顯現。由於它的所依末那識範圍廣大，因此意識也有能力觸及每個面向。所有我們能夠看到、聽到、嗅到、嚐到、想到的任何事物，都可以是意識的對象；它的感知範圍，是整個宇宙。末那識有思考、想像、認知、覺知及感覺的功能，一切心理和物理現象都可以是它覺知的對象。心理現象就是想法、觀念、思想。

要讓某個現象顯現，需要許多種條件。感官以及感官對象是兩種主要條件，二者必須同時存在，現象才會生起。雖然末那識是意識的所依，但意識的「因緣」並不在末那識，而是在藏識裡的種子。末那識就像是藏識和意識之間的一條電纜線，但是因爲它的本質是有覆的，便扭曲了傳送的電子訊號——亦即在藏識和意識之間交換的資訊。當意識能夠直接觸及藏識裡的種子，不受到末那識的扭曲時，意識便能觸及眞如的領域。

藏識是花園，而意識是園丁。園丁對土地有信心，把他認爲寶貴的種子交託給土地；而藏識有力量維護、養育種子，並帶來期望的成果。在禪修上也如此，我們信任藏識，把種子播種在藏識的土壤裡，然後殷勤灌溉；相信有一天，種子將會發芽並且長出植物、花朵及水果。

# 24 感知

**通三性三量，**
**亦接觸三境，**
**俱善惡不定，**
**別境與遍行。**

意識有三種性質（三性），三種感知模式（三量），
能觸及感知的三個領域（三境）。
所有的心所——遍行、別境、善、不善、無記，
都現行在意識中。

我們在第一部分討論了三種感知模式（三量），以及感知的三個領域（三境）。讓我們複習一下，好更了解它們與意識如何運作。三種感知模式（量 pramana）是：直接感知（現量 pratyaksha pramana），推論（比量 anumana pramana），以及顛倒的直接感知或顛倒的推論所導致的錯誤感知（非量 abhava pramana）。

第一種，直接感知（現量），不需要有中間媒介或推論。如果你把手指放到火上，就會被燒，你感覺到熱，那是直接感知，是正確的感知。但有時候你的直接感知並不正確。例如，你看

見一條蛇，你並未思考，也沒有比較，只是當下直接看見一條蛇；但是，接著你發現它並不是蛇，只是根繩子。這是不正確的直接感知，因此屬於第三種錯誤感知模式。

第二種感知模式是推論（比量），它是揣度、推測、推斷的。這種感知模式可能正確，也可能不正確。例如，假設離你站立處約九公尺遠，有一堆木頭，你看見煙從木頭後面飄出來，所以推論那邊失火了。這是推論而來的認知，有可能是正確的；你就在現場，而且眞的看見煙了。但有時候，推論、揣測是錯誤的；它可能是木頭著火的煙，也有可能是汽車排出的廢氣，或是有人在附近抽菸，根本沒有失火。所以在這種狀況下，那是一個錯誤推論，也屬於第三種錯誤感知模式。

第三種感知模式是錯誤感知（非量），可能來自直接感知或推論的結果。如果我們感知或推論出的，並非物自身（性境），那麼這個感知就是錯誤的。直接感知和推論都可能正確或不正確。當它們不正確時，就被歸類爲錯誤感知。意識具足了這三種感知模式的能力；它可以直接感知事物，可以透過推論感知，或因直接感知或推論而錯誤感知。但末那識這個轉識，也是意識的所依，它的感知模式常常是第三種錯誤感知（非量）。末那識總是把非自我的東西當成自我。以末那識爲所依，我們的意識很容易就陷入錯誤感知了。

我們的感知因眾多主因及助緣而生。事實上，我們對於事物的想法，通常只不過是憶想而已。佛陀可能是第一位教導「想，就是回想」的人。想法只不過是記憶的一種習慣。《增一阿含經》說，我們的感知大多是回憶過去事物的結果。所以當我們感知某件事物時，通常只是感知藏識裡的一粒舊種子而已，與當下的眞實事物毫無關係。由於末那識，即使眞相是清新鮮活的，我們也無法觸及，只能觸及識田裡的種子。

我們很少有眞實的直接感知或眞實的推論。我們的「看法」通常是錯誤感知。「南方人」對於「北方人」有些看法；這些看法可能來自他讀過的書，或從別人那裡聽說的。假設他遇見了一個人，而這個人據說是「北方人」；由於他已經對「北方人」有先入爲主的看法，這些看法就讓他不能如實地看見面前這個人。他的看法是種障礙，讓他無法了解此人的眞實面。他沒有接觸到這個眞正的北方人，他只能觸及自己對於「北方人」的想法而已。

我們對於「北方人」、「南方人」、「中部人」都各有想法。我們有自己的分類法，把北方人歸到一類，南方人另一類，中部人又是第三類。我們全都是這種感知的受害者。我們在藏識裡有一組這樣的盒子，當我們感知某件事物時，就把它們放到某一個盒子裡；但是我們歸類的方式卻是混亂的。有一個甘草糖的盒子，我們卻把肉桂放進去；我們說它是甘草糖，也這麼相信，所以把它放到甘草糖的盒子，但事實上它是肉桂。

這種推論模式，需要我們的省思。如果我們知道如何善巧地省思，它可能引導我們看見眞相。考古學家按照挖掘出的史蹟，試圖重建前人的日常生活；這個重建可能是正確的，也可能是錯誤的。法國哲學家和人類學家克勞德．李維史陀（Claude Lévi-Strauss）指出，科學家可能去到一個從無文明人居住之地，從地下挖掘出一台打字機，然後做出結論：五、六千年前，居住在那裡的人具有打字機的科技。這是個錯誤的推論；即使我們曾受過合格訓練並擁有各種學歷證件，但並未做出正確結論。

當我們懷疑某人時，通常都是由於錯誤的推論。假設有個小男孩得到一隻手錶作爲生日禮物。他去游泳，但離開泳池時把手錶留在那裡了。他想：「昨天我得到這隻手錶時，我最好的朋友也在場。他似乎忌妒我，他的眼神看起來很想要這隻錶。」基於這種想法，他並未探求「手錶不見了」的其他可能原因，就做出結論：他朋友偷了他的錶。如果這是對的結論，這就是眞實的推論。但它是錯誤結論，所以是個錯誤的推論。

我們的感知和推論經常是不正確的，尤其是當我們沒有用愛與了解，而是用猜疑、憤怒、憂傷或渴望來感知時。日復一日，錯誤的推論模式一直跟著我們。當我們有個感知並且因而受苦時，必須自問：「這是眞實或錯誤的推論？」其他人也可以幫助我們釐清。我們可以問：「我在受苦。我有這個感知，但不知道是眞是假。我是這麼聽說的，我看到的是這樣。你可以幫忙看清，我聽到看到的是眞的嗎？」當我們感覺憤怒或猜疑他人時，我們就受苦。與其自我封閉，我們應該求助於朋友。如此，每個人都將受益。我們的痛苦和快樂，與其他人的痛苦和快樂是相連的。我們必須彼此互相幫忙。

意識具有三種感知模式（三量），它可以觸及三種感知領域（三境）：性境、帶質境、獨影境。第一種感知領域，性境，是如其本然的實相，沒有被我們的觀念或心思所扭曲。在心開始建構造作之前，心接觸到的是究竟層面，眞如領域。

第二種感知領域，帶質境，並非實相本身。它是由我們的思考模式所建構出來的。我們習慣依據自我和常見來思考，並且相信事物各自獨立存在。我們看不見一切事物互相的關連、空的特質、「相即」的本質。我們眞的相信二元對立的生與死、有與無，而我們心識所緣的是意象，充滿了錯誤。這給我們帶來許多痛苦。

第三種感知領域是獨影境。我們把從帶質境得到的一切影像，都儲存在藏識裡。一位朋友的影像，她的美麗、憤怒，所有這些東西都作爲種子存在藏識裡；而我們會到儲藏室去把這些東西拿出來用。詩人和藝術家在這個領域著墨甚多，把舊有的影像組合成爲新的影像。夢也是發生在獨影境。

由於末那識的本質是被無明所覆，因此它不能觸及性境。當意識能直接感知事物時，就能觸及性境。然而，大多時候，它只接觸到帶質境及獨影境。當前五識獨自運作，不與受末那識牽制的意識相應，它們可以接觸到性境，物自身的領域。如果看、聽、嗅、嚐、觸，在沒有分別、比較或回憶的背景下直接發生，這種看、聽等等就發生在物自身層面。但由於末那識的影響，當意識的分別、計量和推理介入了前五識的運作時，那麼它們就只能觸及帶質境的層面。

性境不隨心
獨影唯從見
帶質通情本
性種等隨應

這首詩偈〈性境不隨心〉是由玄奘傳給他的高足窺基的，窺基非常精通「唯表學派」的教法。這個偈頌幫助我們記住三境的功能。

第一句「性境不隨心」。性境不受到錯誤感知的扭曲，而帶質境及獨影境則會。這與「分別」的功能有關。有的東西美麗，有的醜陋，而那是因爲我們的喜歡或討厭。基於意識中由藏識的種子生起的影像，我們在事物上安立「美麗」、「醜陋」等名言。

有人告訴我，市面上有香水叫作「輪迴」（Samsara）和「毒藥」（Poison）。香水只是香水而已，並非輪迴或毒藥；執著於香水的人，喜歡或厭惡它，或對它起某種心理反應，那都是他們自己的事，香水不必對此負責。在法國有一種香水叫作「歸人」（Je reviens）。某人擦了那種香水，我們就把其香味視同此人。這並不是香水做的事，是我們在心裡做的。當我們和那位與香味合一的人分開時，那香味就是一個甜蜜的回憶、甜蜜的心行。阮攸的詩作《金雲翹傳》裡有這一句：「香味創造了回憶中的氣味（香造味憶）①。」但是把回憶和渴望的責任歸咎於香味，是不對的。該負責的是我們藏識裡的種子，以及從它而生的各種心行。實相本身並不執著於我們的心行，也不按我們的心行而有。

---

①見阮攸（Nguyen Du），《金雲翹傳》（*The Tale of Kieu*, New Haven, CT: Yale University Press, 1983），越英雙語版。

這就是爲何佛陀重複說：色、聲、香、味、觸、法這些現象，本身既非善也非不善。並不是這些東西帶來快樂，也並非這些東西是痛苦的。而是我們對於它們的執著，造成了渴望和痛苦。我們的心決定自己是否受制於這些，或是否能觸及物自身的眞相。由於在帶質境被扭曲的感知，當我們感覺憂傷時，景物就是憂傷的；當我們感覺喜悅時，景物就是喜悅的。並不是景物本身有沒有吸引力。

在夢中，我們可能哀傷、憤怒、喜悅、期望或絕望。我們夢中所遇見的一切現象，人、事物、河流、山岳等等，都屬於獨影境。在禪修中，當我們觀想一座山時，那個觀想也屬於獨影境。但是因爲在正念中，這個獨影境中的影像會比較接近事實（眞如）。事實上，我們在正念下觸及的山，可能比某人凝視的眞山還更清晰準確。獨影境，可以是進入眞相的門徑。

如果我們活在失念中太久的話，感官和感知都會變得遲鈍，周遭世界會變得不清楚。活在這樣的世界裡，我們絕不可能快樂。我們的感官和感知需要一塊磨石來磨利它們，這樣當我們看一朵花時，便能眞正接觸到這朵花。那塊磨石就是禪修，正念。有些禪修指導能幫助我們磨利感官，並帶它們接觸到這個美妙的世界②。

第二句「獨影唯從見」。獨影境完全屬於識的見分，它不必根植於性境，它已在我們心裡，不需外力的激發。我們的痛苦，我們在變化中翻騰，並非由於性境，而是由於獨影境。

要記得，心識有兩面：見分和相分。見分是主體，相分是對象；但主體和對象兩者都是心識的一部分。「感知」的意思永遠是感知某個東西；永遠包括感知的主體與客體對象兩者。當我們看著一棵橡樹時，我們習慣認爲，樹獨立存在於心之外。我們認爲心識來自腦子，並指認出橡樹，而它是客觀的實相。但我們所觀察的橡樹，事實上是我們心識的對象。我們的空間、時間觀念，也是我們感知的對象（相分）。如果我們相信，橡樹站立於外在的時空裡，獨立於我們的心之外，我們就需要好好再看一次。

當主體與對象一起現行時，感知便發生了。它可能持續不到一秒鐘，但是在那段時間裡，主體與對象同時都生起。在一個感知生起之後，另一個也能生起。每個感知都有主體和對象。而感知主體一直在改變中，感知的對象也一直在改變中。

認知永遠包括能知的主體與所知的對象。在我們能談到覺知之前，必須先問：「覺知什

②見一行禪師，《正念蓮花：療癒轉化的禪修練習》（*The Blooming of a Lotus: Guided Meditation Exercises for Healing and Transformation*, Boston, MA: Beacon Press, 1993, pp. 36-43）。

麼？」這是基礎，但並不容易了解。即使我們認爲有所了解，我們的了解可能很有限。請認眞勤奮地修行，有一天你就會明白，不只是在智識上，而是在生命的實際體驗上明白，心識包括主體與對象兩者。

此偈第三句「帶質通情本」。提到的「情識」就是末那識，「本識」則是藏識。帶質境是末那識的創造和產品，是它和藏識接觸的結果。藏識裡的種子一旦受到末那識影響，就不待在性境，而變成帶質境的一部分了。帶質境的影像仍然帶著性境的一小部分，而獨影境的影像則沒有。

此偈第四句「性種等隨應」。說明性境和種子如何相關連。它們隨著情境而相應。因此，此偈頌提到的「三性」——善、不善、無記，以及性境生起的種子，就與感知的三境連結。

第一種感知模式是直接的（現量），第二種是藉由推論（比量），而第三種是錯誤的（非量）。當感知是直接的，不含思辨時，你觸及的是性境。我們全都有這種經驗。假設你正深入觀想一座美麗覆滿白雪的山，你不覺得自己和山是分開的。當你享受它的時候，你和它是一體的。你就是山，山就是你。此時沒有主體與客體對象之分。有時候當你觀想海洋時，會覺得自己是無邊際的。當你以不思辨、不分別的感知模式觸及實相時，在意識中我們不分別能感知的自己，與所感知的、不把所知當作「外在」的對象。當我們這樣看時，我們是在眞如的領域。

我們人生中有些時候是可以觸及究竟層面的，但這很稀有，因爲我們通常的思考模式不太讓它發生。我們的心傾向於將實相切割成碎片，然後把每一片段看成與其他片段各自獨立。這就是分別心。你看著別人，想著：「她不是我。我幹嘛照顧她呢？我還有別的事要做。」我們在日常生活中經常如此起分別。這種隔閡障礙往往因我們思考的方式而生起。但是學習了佛教禪修後，我們試著用理智觀察，而這種觀察能夠去除那種區隔或分別。

所以，即使是心的推論、智識功能，也能幫助我們趨向究竟層面，如果我們把它用來修行正念的話。但是，如果不訓練心去深觀，那麼無論做多少思考、推理或猜測，我們的感知仍然屬於第三類，錯誤感知（非量）。這是由於「遍計所執自性」（parikalpita svabhava），即分別心，支配我們。如果意識的運作受到這種分別的習性干預，我們就一直落入第三種錯誤的感知模式，因爲分別心會生起各種錯誤。但是如果我們學習佛教觀照的方法，禪修於無常、無我、相即或空，我們就開始脫離這種思考方式，而有機會觸及眞如。這叫作「無分別智」（nirvikalpa-jñana）。

意識的感知，可以觸及三性（善、不善、無記），三量（現量、比量、非量），三境（性境、帶質境、獨影境）。當修行正念時，我們的意識有能力爲善；在失念的時候，則有能力不善。而它也可以是無記的，既非善，也非不善。

全部的心所都可以在意識現行。心所有五十一個：五遍行、五別境、十一善心所、二十六不善心所、四不定心所。我們在第十章初次提到這些心所與藏識的關係，在第二十章又提到它與末那識的關係。首先是五遍行心所，它們與全部八識一起運作，故稱爲「遍行」。五別境心所不見得與每種心識相應。善心所則包括悲、慈、信等等。不善心所則包括根本煩惱如貪愛、憤怒、無明，以及較輕的不善心態如苦惱、自私、忌妒等等。中性的不定心所包括四種在本質上既非善亦非不善的心所③。

第二十三頌和第二十四頌說明意識的特性，我們需要了解好更進一步在下面幾個偈頌裡探索意識的功能。總結來說，意識與感知對象的接觸範圍最爲寬廣。

三種感知模式（三量）與三種感知領域（三境），都是意識的特性。意識可以是三種性質（三性），而且它可以顯現一切心所。感知其實就是一種認知行爲。如果那個認知行爲是錯的，它可以爲那個人和周遭他人，帶來許多痛苦和誤會；那個行爲就有不善的性質。當意識能夠觸及眞相時，那個認知行爲就稱爲善的，因爲它有能力解脫、滅除那個人及周遭他人的無明。有時候那個認知行爲是中性的，它無害，但它也未達到深觀的階段，所以它還不能觸及實相的最深層。

只有秉持著正念觀照，你才能揭開實際的眞相，產生洞見。洞見則導致轉化。

③完整五十一心所之條列，見第三十章。

# 25 園丁

意識如園丁，
身口業之根，
唯審而非恆，
造作引滿業。

意識是一切身語業的根。
心所顯現於意識，但意識並不連續運作。
意識引發行爲導致異熟。
它扮演園丁的角色，播下一切種子。

業有三種——身體的、語言的、心意的行爲，而意識是這三種行爲的根源。意識指示身體採取行動；我們所說的話都從意識生起；意識也有思慮、計量、認識、判斷的作用。

就和末那識一樣；意識也是一個轉識。然而，末那識是持續的，而意識不是，它有時候停止運作。例如，當我們熟睡無夢時，意識完全停止運作。當我們昏倒時，意識可能也不運作。而在禪修的「無心」（no-mind）中，意識也是休息的。意識不持續，其他的五個感官識（眼、耳、鼻、舌、身）也不持續。在這一點上，意識和感官識不同於藏識和末那識，後兩者是持續不斷的。

意識生起兩種業（行爲）。一種是「引業」，把我們拉往某個方向。阮攸在《金雲翹傳》中寫道：「魔王鋪路，餓鬼指路。」魔王，是指我們的無明，會帶我們走向痛苦①。但是，當佛陀鋪路而僧伽指路時，就會帶我們走向安樂，對我們是有益的。第二種行爲是「滿業」。我們的行爲，讓藏識裡善或不善的種子成熟。意識產生這兩種業——帶我們往某個方向去（無論好壞）的業，以及讓我們內在種子成熟結果（異熟果）的業。

由於意識能夠發動行爲，導致藏識裡的種子成熟，所以了解、訓練及轉化意識，就很重要。我們基於思想和認知來行動和說話，而任何基於意識的身、口、意業，都會灌溉我們內在正面或負面的種子。如果我們灌溉負面種子，結果就是受苦。如果我們知道如何灌溉正面種子，就會有比較多智慧、愛與快樂。如果意識學習用無常、無我及「相即」來看事物時，就會幫助覺悟的種子生長，並且如花般綻放。

藏識通常被形容爲土地，一個花園，種有將來會生出花朵和水果的種子。而意識則是園丁，

①在佛經裡，魔王（Mara）是阻礙佛陀修行證道者。他是我們一部分內在本質的擬人化，與佛性相違並阻擾它顯現。

那個播種、灌溉、照顧土地的人。因此，偈頌說意識生起會導致異熟果的行爲，導致種子的成熟。意識可以讓我們沉淪入地獄，也可以引領我們解脫，因爲地獄和解脫都是它們個別種子的成熟結果。意識的工作是發動業，及成熟業。如果它播下麥子的種子，就生長麥子。

意識這位園丁必須信任土地，因爲是土地帶來智慧與慈悲的果實。園丁也必須指認藏識裡的正面種子，並且日夜練習爲那些種子澆水，好幫助它們生長。藏識這個花園則負責培養並帶來成果。覺醒、智慧以及愛的花朵，是花園給予的禮物；而園丁只需要照顧好花園，讓花朵有機會生長。

由於心是一切行爲的根本，所以正念非常重要。正念分明是心的最佳狀態。具有正念，則我們的思想、身體和語言行爲，都會走往療癒和轉化的方向。僧伽（共修團體）對於修行正念極有幫助。如果周遭圍繞著正念說話、正念聆聽、正念行動的修行人，我們就也會有這麼做的動機。最後，正念會變成一種習慣。有了正念，就有可能轉化及療癒。

# 26 無想

意識常現起，
除在無想天，
及無心二定，
熟睡昏迷時。

意識總是在運作，
除了在無想天、
兩種無心定中、
沉睡或昏迷時。

我們談到過，藏識和末那識一直持續不斷運作著；反之，意識和五個感官識並不持續。在五種情況下，意識停止運作。這個偈頌列出了這五種情況：在無想天、無想定、滅盡定，以及沉睡時或昏迷中。

第一種狀況指的是無想天，那是一個念想滅盡，沒有感知的世界。身爲人類，我們可以禪修進入無想的境界，那時意識停止了。無想天被視爲較高的領域，較少痛苦，因爲痛苦通常來自於我們所看到、聽到的，以及基於感知生起的心所。但是無想領域並非只是人類禪修帶來的專注狀態。看看周圍，我們也會看到有生物或植物生於無想領域中。

在我們這個星球上，有些生物是沒有感知（無想）的，它們無所感知地行動；也許它們比較快樂，因爲沒有感知，意識就不運作。這些生物也有因緣條件出生於無想界。詩人 Nguyen Cong Tru 寫到：

下一世，願我不要生爲人，
而是一株在天地間吟唱的松樹。

松樹屬於無想天。無想的領域，比起人類所住的感知領域，要清新得多。如果你看看四周，就可以接觸到無想天。事實上，雖然可能聽來奇怪，不一定要有思想才能存活。沒有感知的生物很有活力，甚至比我們更喜悅和健康。但是人類只能通過感知和思想來了解人類的經驗。當我們感覺不安定、焦躁、害怕、悲慘時，我們看到藍天、岩石、美麗的樹，就忌妒它們。我們寧可當一棵美麗的樹，站在山坡上，在風中吟唱。

有感知比較好還是不好？我們每天的所見所聞，大多令人傷心難過。生於無想的領域時，不需要意識就能存活。在無想的領域中，我們的末那識和藏識仍繼續運作。自我的觀念仍然存在，執取自我的力量也存在。但是我們的眼識和耳識，可以沒有扭曲地觸及眞如世界。意識常讓我們扭曲事物，因此，生在無想天可以算是一種福祉。

意識停止作用的第二和第三個狀況是「無心定」，禪修時達到無心（achitta）的狀態。「定」的梵文是 samapatti（三摩地、等持），指的是一種禪修的專注。在這兩種無心定中，末那識和藏識如常持續運作，但它們不再接受印象和意象。

無心定的第一種叫作「無想定」（asamjñika samapatti）。在這個狀態裡沒有想，也不需要想。禪修者存在，但心並沒有對境，他（她）的意識完全停止了。有一次，佛陀在毗舍離（Vaishali）北邊的樹林裡深入地禪修。他達到了這種無想狀態，意識停止了運作。附近一條路上，有一大群載著貨物的小車經過，之後有一場劇烈的風暴，但是佛陀一點都沒有感知到這些。當他的弟子報告他這些小車和風暴時，他很驚訝。他當時是在無心定境中。

第二種無心定叫作「滅盡定」（nirodha samapatti）。在這個狀態中，沒有感知也沒有感受（滅受想定），沒有認知。心專注到似乎不存在了，任何感受，任何心所都不存在了。這個狀態是阿羅漢所體證的①，在菩薩道則是第八地。在這個階段，末那識開始釋放藏識，而藏識就自由了。

在「滅盡定」裡，不僅第六意識停止運作，第七末那識也停止執取藏識爲「我」。由於洞見到所執取的對象並非自我，主體和客體對象並非個別獨立而是一體的，於是末那識的執取開始轉化。我們在我們的世界、其他人及生物之中看見自己，也在自己之中看見世界和其他。這叫作「平等性智」（samata jñana）。那是種感知，但是沒有被無明（avidya）所覆蓋。當末那識不再於無明中運作時，藏識就從無明中釋放出來，並且非常快樂。

意識停止運作的第四個狀況是，熟睡無夢的狀態。就像某些生物雖然沒有感知但仍然存在，熟睡中的人並不感知事物，但仍然活著。在熟睡時，有意識的夢不會出現。當我們作夢時，意思是意識仍然活躍著。在熟睡中，我們可以自然地到一個無意識狀態。無夢的睡眠令人神清氣爽、恢復活力，因爲我們平時活躍運作的意識，可以獲得休息。

意識不存在的第五種狀況是，當我們昏倒或陷入昏迷時。深沉的昏迷是無意識狀態，此時意識是不運作的。

---

① 阿羅漢（應供 arhat）是達到「無學」階位者，他已經滅除一切煩惱，不會再輪迴了。阿羅漢是上座部佛教（Theravada Buddhism）精神修行證得的最高階位，是原始佛教的理想，對比於大乘佛教（Mahayana）的菩薩理想。

27

# 心的狀態

意識有五態，
散位與獨頭，
定中與亂中，
及五俱意識。

意識以五種方式運作——
與五感官識同時生起、
獨立於五根識而運作、
散亂的、專注的或不穩定的。

意識的運作方式有五種。第一種是與五個感官識（眼、耳、鼻、舌、身識）一起運作（五俱意識）。當我們看一朵花時，以爲我們的感知只來自於眼識，有時候確是如此。但是當我們覺知看花一事時，意識也同時在運作了。正念的種子現行了；正念具足，花朵就更清楚了。當我們看著花，並且覺知到正在看花時，就是意識和五個感官識之一同時生起的一個例子。

但是當我們看著花，而意識卻被其他事占據時，我們的意識就獨立於感官識而運作，這種狀況在日常生活中經常發生。假設我們早上開車去上班，而心裡正準備著等一下要開的會議。在這例子中，意識獨自運作，不與其他感官識相連。而即使意識和眼識正各自獨立運作，然而我們的心還有餘力開車。如果一輛大卡車突然插到前面，我們還是可以避開不撞到它。當我們進入停車場時，能夠把車開進停車格中。但是因爲我們的意識完全被占據了，眼識必須單獨運作。眼識有時獨自運作，有時和意識一起運作。意識有時候獨自運作，有時候和五個感官識之一或多個一起運作。這是意識運作的頭兩個方式，與五個感官識同時生起（五俱意識）或獨立運作（獨頭意識）。當意識獨立運作時，例如我們在作夢時，它和五個感官識就沒有一起運作了。我們能夠繼續看、聽、嗅、嚐、碰觸，但是我們的看、聽、嚐等等，只發生在獨影境，並不需要眞實的眼、耳、鼻、舌、身。意識可以從藏識裡的種子得到純影像。

我們若要思考，也不需要眼、耳、鼻、舌、身；意識的心理活動可以單獨運作。假設有個憤怒的感受生起了，它和實際上五個感官識的經驗毫不相干。例如，我們並沒有絆到腳，也沒看到某人做令人厭惡之事，然而，我們仍然感到憤怒。在這個例子裡，意識獨立運作。即使我們具有正念，知道我們正在生氣，意識仍然獨立運作。正念可以出現在意識與五個感官識合作，或意識獨自運作時。

我們可以修行以覺知在什麼情況下意識正與五個感官識一起合作，或是獨立運作。在打坐時，我們嘗試關閉五個根門（ayatanas），好讓意識專注，讓意識獨立運作，當影像或聲音試圖侵擾時，盡量不執著它們。

散亂是意識運作的第三種方式。事實上，那是我們心最常有的狀態。我們大多時候，都活在散亂和失念當中。我們的意識有散亂的習性，不能停止思考，陷在過去和未來之中，到處亂跑。當我們的意識處於散亂狀態時，正念就不在了；我們並未真正活著。當我們思考著一件又一件事時，當我們焦慮、憂傷、猜疑或妄想時，當意識與眼、耳、鼻、舌、身識不協調時，就叫作「散位意識」。意識散亂地獨自運作著。

佛陀形容這種意識就像猴子一樣，攀住這根樹枝或那根樹枝，總是在改變，隨意攀附，從一個念頭跳到另一個。每個人都應運用正念，認出並接受在我們心中的那隻猴子。以正念呼吸、正念行禪等等方法，我們可以讓猴子靜下來，讓它停止不動。意識也可以用蜂群來形容，狂野地到處亂飛，不專注在任何一點上。只有當蜂后出現時，它們才會聚在一起。

在佛教禪修裡，我們練習專注，讓所有事物都聚焦而明晰、清楚。這種練習叫作「心一境性」（ekagrata）。我們專注的對象，就是周圍環繞著整群念頭的蜂后，它可以是我們的呼吸、一片葉子、一顆小石頭、一朵花，或是我們禪修的所緣。在修行上，我們利用方法幫助集中意識的力量，不要讓它散亂。這個練習就好像是把鎂光燈打在我們專注的東西上，或像是歌舞表演者在舞台上，而鎂光燈只聚焦在她身上一樣。我們刻意地把心集中在專注的對象上。當我們用透鏡來集中陽光到一點上時，它的能量被有效集中，便可以在紙上燒出一個洞來。同樣地，我們把意識專注在一點上，好獲得突破。

正念引導我們到達意識的第四種運作方式——定。要解決複雜問題時，我們必須要集中心思，不能心思散亂。練習正念呼吸，我們可以終結散亂狀態，讓心得到專注。

當我們以呼吸來集中意識的力量到一點上時，疑惑就停止了，而我們可以持續將意識的力量專注於一點上。如果持續練習下去，專注力會深入透徹到所緣的核心，而我們將獲得洞見和體悟。那時候，意識是在「定」的狀態中。正念愈是強大清明，「定」就愈穩定。正念總是帶來定。當我們十分專注時，就叫作「定中意識」。

意識運作的第五種方式是不穩定（亂中意識），心處於神經過敏或精神病的狀態。在這種情形下，意識被過去發生的事，或想像出來的過去或未來的事所干擾。藏識中的種子之間有矛盾衝突，感受和認知也有矛盾衝突。當我們被無法清楚感知或思考的問題困擾時，就說是心理生病了。為了要痊癒，我們必須盡力產生正念，好開始清楚地看待事物，認出它們本來的面目。我們可能需要心理治療師、朋友、家人的正念支援，幫助我們觸及感受和認知間的內在矛盾衝突。這樣練習下去，藉著其他人的幫助，有一天我們的意識可能從不穩定中解脫而自由了。

【第四部】

# 感官識

第二十八、二十九、三十頌說明五個感官識（眼、耳、鼻、舌、身識）的本質和特性。關於這五識，我們在談到藏識、末那識及意識時，已經學習了一些。就像藏識是末那識的根本（所依），末那識是意識的所依一樣，這五個感官識的根本則是第六識——意識。所有這八識就是如此連結及相即。

生起這五個感官識的感官，也稱爲「根門」，我們用這些感官來接觸感知的一切對象（一切法）。因此，學習守護根門，有智慧地選擇進入心識的事物，播種善的種子，就十分重要；修習的方法，就是正念。

# 28 水面之波

依止第六識，
五識隨緣現，
或俱或不俱，
如波濤依水。

五感官識依意識而生，
或者獨自現起，
或者與意識一同現起，
如波浪依水而顯現。

當感官根門與塵境接觸時，五個感官識（又稱五識或前五識）就生起了。眼根、耳根、鼻根、舌根、身根是五根，色、聲、香、味、觸則是五種對境。當眼根看見形色時，眼識就生起；當耳根聽見聲音時，耳識就生起，其餘以此類推。這五識以第六識意識爲所依。它們或是獨立於意識而現行，或是與意識一起現行，就像海上生起的波浪一樣。意識像是水，而五識像是水上的波浪。

有時候某個感官識獨立於其他感官識而生起，只與意識一起運作。例如：我們在畫廊裡看畫展，注意力專注於畫作上，即使不自知，但我們已經關閉了其他四個感官識。朋友可能跟我們說了些話，但我們根本沒聽見，我們的耳識當時並不運作。即使他把手搭到我們肩上，我們也沒覺察，我們的身識也不運作了。我們全部的覺知都集中在觀看畫作。在這個例子裡，我們的眼識，獨立於其他的感官識之外而現行。

當我們看電視時，既用眼睛也用耳朵。在這個例子裡，兩個感官識一起現行。當所有五個感官識都同時運作時，我們在任何一個感官的專注力就比較弱。就像如果把幾個燈泡接在一個電池上時，每個燈泡的光都會比較弱一樣。如果我們拿掉其他燈泡，只留一個，那個燈泡就會比較亮。我們的意識就像電池的能量，是有限的。所以當我們集中心力在某一個感官識上面時，能夠給予它執行任務的能量就會比較穩定。要能夠看、聽或嗅得很清楚，我們的感官知覺必須深入並且穩定地接觸那個對象。爲了能夠如此，我們就只讓一個感官識運作，而關閉其他四個根門。意識也是一樣，當我們想要深入思考時，就必須關閉其他五個感官識，好集中心力。

當五個感官識獨立運作，沒有意識介入時，能夠接觸到究竟層面的眞如世界。事實上，當五識獨立於意識而個別運作時，比起和意識一起運作，更有機會體驗到性境。這是因爲在末那識影響之下，意識通常陷在認知和分別之中。

如果眼識與意識合作並且不起分別時，我們也可以碰觸到性境。但是意識幾乎一直都在起分別。即使我們能夠接觸眞如世界幾秒鐘，立刻就又失去聯繫了。當受到末那識影響的意識介入時，就會有加工處理和扭曲。「遍計分別」（vikalpa）就是在事物中做區別，區別事物爲此或爲彼，彼此間相互獨立；分別讓我們不能觸及眞如領域。受到藏識裡無明種子的制約，我們感知到的一切境，都轉變成帶質境。

因此，我們必須學習深觀事物的本質，改變固有習慣，訓練意識直接感知。在第二章我們學到現象的「相」（lakshana）——現象的名稱或形相狀態。當五個感官識的活動沒有意識介入時，究竟的眞如世界就能展露，我們能夠接觸到現象的自性，事物的實相。然而，當意識介入時，將一切概念化，實相就轉變成名稱或相狀，性境就轉變成帶質境了。我們的意識傾向於感知事物的相狀；但是透過修行正念，意識能減輕這種以名稱和相狀看待事物的慣性力量，學習直接觸及性境，就像五個感官識一樣。

# 29 現量

性境與現量，
皆俱有三性，
依止淨色根，
及神經中樞。

它們的感知領域是性境。
它們的感知模式是現量。
其性質可以是善、不善或無記。
依著感官及腦中樞神經而運作。

五個感官識的感知模式是現量，直接感知（pratyaksha pramana），感知的過程中沒有經過思考、度量。因此，有時候當五識獨立運作時，它們可以觸及到性境。就這點來說，感官識和第八識藏識一樣，藏識也是直接感知模式，感知領域也是性境。但第七識末那識，以及第六識意識則不一樣。末那識的感知模式一直是錯誤的。由於末那識爲有覆，它的感知對象是「似現量」，而不是「眞現量」，那是謬誤的現量。意識則能夠用全部三種感知模式：現量、比量、非量。但是因爲它基於末那識且受到末那識影響，它的感知模式通常都是錯誤的。

感官識能觸及性境，只要它們的感知模式是直接的。嬰兒看玩具時，可以說不太用到她的心——沒有比較、回憶或判斷。她還沒學會思考：「這個玩具不像那個色彩鮮豔。我比較喜歡那一個。」她單純地享受眼根（感官）所接觸到的玩具（感官的對象）的樣子。這種看的方式是直接感知，而藉此可以觸及性境。

然而，一旦意識以及它的思考分別介入時，感官識就比較少機會感知性境了。意識傾向於在事物中做分別、給它們命名或做比較；當它這麼做時，性境就不可及了。那時，感官識觸及的是帶質境，因爲感官識依意識而生起，就像水面的波浪一樣。在意識的比較、命名、回憶活動之前，亦即在藏識裡的種子生起並在意識現行爲心所之前，五個感官識能夠直接感知。而意識一旦介入，就加進記憶的種子，喜悅憂傷的經驗及比較，就不再可能現量直接感知了。

我們在第二十四章學到，佛陀說：「想，即是回想。」我們的感知大多基於記憶，而非基於事物當下的實相。當我們「感知」某件事物時，實際上是回憶或將它與某個過去的經驗或感覺做比較，而那些是已經種在我們藏識裡的種子。我們的感知，與存在於藏識裡往昔經驗所留下的種子有很大的關係。當思考、比較、判斷的種子在意識現行爲心所時，所產生的影像就不是對境眞正的本質。由於感知受到情緒、記憶、觀點及知識的「染汙」，我們就無法觸及對象眞正的本質。

當我們直接看著一朵花，不做思考或回憶，不把它與一週或一年前看過的另一朵花做比較（無論正面地或負面地）時，就能觸及花的本身。這是「無心」的感知。這是感官識的一種功能，獨立於意識之外而運作，直接觸及感知的對象。因爲它是直接的，它能觸及性境本身，猶如新生嬰兒的感知般清新純潔。但意識並不總是從經驗、憂傷、判斷來運作，也不總是用這些來爲實相加工。當它不這麼做時，它就也可以觸及性境。我們所住的世界，受到帶質境的層層上色。只要我們一開始比較和分別（vikalpa），就已經不再直接觸及感知對象了。

「vikalpa」可譯爲「分別、造作」。梅村是個現實，而當我們來到梅村時，想要認識眞正的梅村。但是由於我們對梅村有些想法，從別人那裡聽聞或自己過去的經驗所形成的想法，我們最後在帶質境裡建構了一個虛妄的「梅村」，而沒有觸及眞實的梅村本身。當我們憂傷時，即使正看著美麗風景也很難高興。景色已經被我們的憂傷染汙。當我們看見某人而感覺快樂或不快樂時，大多是取決於自己的心。你看見那個人時覺得快樂，但當我看見他時，因爲我心中生起的不快樂，我就覺得不快樂。

如果我們被限制在帶質境中，就會很難找到通往性境的門徑。但是透過直接感知，我們便具備了達到究竟層面（性境）的能力。五識若不被意識的記憶、憂傷喜悅、喜歡不喜歡所顚倒，它們就能觸及性境。藉由將正念帶進意識中，我們就能開始打斷意識操控感官識的程序。當看見或聽見東西時，那個形色或聲音撩起我們或喜或憂的感覺，正念就問：「發生什麼事了？這個感知是在性境的領域或帶質境的領域？它是在自我的心理體驗外的實相嗎？或不外是我自心的虛構呢？」唯有當我們冷靜客觀地觀察，我們才會開始「明白」。

當五個感官識單獨運作時，就有機會觸及實相；它們的對象是性境。但是若意識及其分別習性介入時，感官識的直接接觸能力就減弱了。因此，性境消失，而被帶質境取代了。我們不再接觸到實相；現在我們接觸到的是名稱和相狀。我們有概念化的習性，因而失去與眞實事物本身的接觸。

五個感官識和意識一樣，也可以是善、不善、無記（非善非惡）。在直接感知觸及性境時，感官識的本質是善的。但是感知不正確，它的本質就是不善，或是無記。

以佛教術語來說，有兩種感覺基礎：粗的與細的。粗的感覺基礎就是感官或身體——眼根、耳根、鼻根、舌根、身根。細的感覺基礎則是與根相連的神經系統，例如視神經，連結眼根與腦中的神經系統中心。我們將眼睛視爲眼識的感官，但是如果更深入觀察，就能看見眼睛後面的神經網。這些是細的感覺基礎——視覺神經、聽覺神經、腦中的感覺中心等等。它們是感官識顯現所需之基礎的一部分。

30

# 心所

心所為遍行，
別境善大隨，
中隨兩煩惱，
以及貪瞋癡。

遍行、別境、善、
根本煩惱與隨煩惱，
及不定心所，
與感官識相應而生起。

這個偈頌說明，與感官識一起生起的心所。我們已經學過與藏識有關（第十章）、與末那識有關（第二十章）、與意識有關的心所（第二十四章）。與感官識有關的心所是五遍行（sarvatraga）、五別境（viniyata）、十一個善心所（kushala）、二十六個不善（akushala）心所中的十三個，以及四個不定心所。

五遍行心所是觸（sparsha）、作意（manaskara）、受（vedana）、想（samjña）、思（chetana）。八種心識全都與五遍行心所相連。

五別境心所是欲（chanda）、勝解（adhimoksa）、念（smrti）、定（samadhi）、慧（prajña）。五別境心所與末那識、意識及感官識有關。

十一個善心所是：信（shraddha）、慚（hri，自慚或懺悔）、愧（apatrapya，愧他或謙遜）、無貪（alobha）、無瞋（advesa）、無癡（amoha）、精進（virya）、輕安（prasrabdhi）、不放逸（apramada）、行捨（upeksa）、不害（ahimsa）。

二十六個不善心所是：貪（raga）、瞋（pratigha）、慢（mana）、癡（avidya，無明愚癡）、見（drishti，這裡是指不正見）、疑（vichikitsa）、忿（krodha）、恨（upanaha，敵意或憎恨）、覆（mraksa，偽善）、惱（pradasa）、嫉（irsya）、慳（matsariya，自私）、誑（maya，欺詐）、諂（sathya，狡詐）、憍（mada，自我陶醉）、害（vihimsa，想要傷害）、無慚（ahrikya，無自慚）、無愧（anapatrapya，無愧他、不謙遜）、昏沉（styana）、掉舉（auddhatya）、不信（ashraddha）、懈怠（kausidya）、放逸（pramada）、失念（mushitasmrti，念的相反）、散亂（vikshepa）、不正知（asamprajanya，缺乏辨識、缺乏審思事物真相的能力）。主要的不善心所是貪、瞋、癡，而感官識可能與這些心所相應。

四不定心所是：悔（kaukriya）、眠（middha，懶散、睡眠）、尋（vitarka，初始的念頭）、伺（vichara，接續的念頭、探究）。

這些就是五十一心所：五遍行、五別境、十一個善心所、二十六個不善心所、四個不定心所。當前五識透過直接感知觸及性境時，與它一同生起的心所只有五遍行心所。然而，意識能夠顯現一切心所。當前五識與意識連合運作時，它們就與意識一起沉浮。

【第五部】

# 實相的本質

第三十一頌到第三十八頌討論我們在研讀八識時，已經學過的許多概念。總合起來，這幾個偈頌探討實相的本質。自與他、個別與集體、主體與對象、生與死、因與緣，我們透過這些概念認識所見與所經驗的世界。但重要的是，不要被這些概念羈絆，而是要把它們當作獲得深廣智慧的工具。當我們了悟究竟實相時，就不再需要它們了。

這一部分的最後兩個偈頌（第三十九及第四十頌），介紹三種自性（svabhava），那是我們的心理解實相的方式。第一種自性「遍計所執自性」，是造作與分別的本性。由於心受到貪、瞋、癡的束縛，在顛倒的覺知與分別的基礎上，創造出實相的虛妄影像。

爲了敲開實相的大門，我們必須深觀，以發現第二種自性「依他起自性」（paratantra svabhava），並將它付諸實踐。「依他起」（paratantra）是一切事物互相關連的本性。一件事物只有依賴其他所有事物，才得以顯現。一朵花只有依賴必要條件才能顯現，包括雨水、陽光、土壤，以及其他有助於花朵顯現的各種因素。

當我們能透過「依他起」的角度去感知事物時，實相的本質終有一天會顯露出來。這是第三種自性「圓成實自性」（nishpanna svabhava），圓滿的本質或究竟實相的本質。而開啓大門，顯露究竟實相的鑰匙是「依他起」，亦即以「相即」之眼觀萬物。

# 31 主體與對象

識時時含有，
主體和對象，
自他與內外，
全皆僅意念。

心識總是包含
主體與對象。
自我與他人、內在與外在，
全都是心創造出來的概念。

這首偈頌的前二行，是必須了解的基本教導。此處，「識」表示感知與認知。感知與認知總是針對某件事物而言，不可能沒有什麼東西而有感知。我們傾向於相信「認知」，或某種心識獨立存在於我們內在；當我們需要用它時，就可以拿出來用。當我們以心識接觸到山時，心識就知道山；當它碰到雲時，就知道雲。然後，讓這個心識決定這些事之後，我們又把它放回去，直到下次需要用它時再拿出來。這是個基本的信念，但卻是個誤解。

認爲心識獨立存在，需要時我們就用它來認知心識的對象，就像是花園工具放在那裡讓我們取用一樣，這種想法是幼稚的。佛陀說心識有三個部分：主體、對象、本體。主體接觸對象而顯現心識，沒有對象就不可能有心識。心識總是對於某件事物的心識；思考總是思考些什麼；憤怒總是對某人或某事憤怒。不可能沒有主體而有對象，或沒有對象而有主體。主體、對象兩者相即，而它們都是基於本體的。

離開被看見的東西，就沒有什麼叫作「看」了。當我們的眼睛接觸到形色時，一剎那的眼識就產生了。但這一剎那的眼識並不會持續。然而，如果我們的眼睛持續與形色接觸，這閃現的眼識就會一剎那接一剎那地重複。這些剎那的閃現串在一起就形成眼識之流，在心識中主體與對象持續地相互支持。只有當感官（例如眼睛）與對象保持接觸，這個歷程才持續下去，接觸多久就持續多久。

我們的視力與眼識是從藏識裡的種子產生的。當我們的眼睛接觸形色時，它們只是生起識的緣而已。僅有它們並不足以帶來視力或眼識。必須有個種子作爲「因緣」（hetu-pratyaya），而這個種子就種在藏識裡。我們的前七識（六個感官識及末那識），都依第八識藏識顯現。

當我們不正念時，正念就只是一粒種子，而不是心所。雖然擁有具足正念的能力，但是並未現行。要讓正念顯現，就必須要有一個對象——正念於或是呼吸、或是坐在我們面前的人、或是一朵花。就像心識總是對於某件事物的心識一樣，正念也總是正念於某件事物。看、聽、思考、知道、理解、想像，全都是心識，而心識總是包含了主體與對象兩者。

在「唯表學派」的教法裡，「識」的意思是認識、感知及分別的能力。依據這些教法，心識有許多不同的功能。所以，愈談到心識的作用，就有愈多種心識。若說心識只有一種，是不正確的。說心識有八種，也不完全正確。心識有多少種作用，就有多少種心識。

當說到心識的內容時，我們用「心所」（chitta-samskara）一詞，意思是心理現象。我們已經討論過佛教祖師們指出的五十一種心所，每一種都包含主體與對象。就像一條河流是由水滴組成，而水滴也是河流本身的內容一樣，心所也是心識的內容及心識本身。

心所顯現的時間只有一剎那。不過，當因緣條件具足時，一個心所可以重複產生成爲接續的心所，因爲心所可以作爲「等無間緣」（samanantara-pratyaya）。如果影片放映中而某一格畫面被剪掉了，放映機便會停格在那裡，因爲欠缺了「等無間緣」。一個心所只存在很短的一剎那，但是若條件具足，它就能夠被接續的類似心所延長下去，或是被接續的其他心所轉變，或是重複產生。

相續是由於更新，而更新則依因和緣而生。如果讓某件事物顯現的因與緣沒有更新接續，那麼它的顯現就會停止。心識也是一樣。當感官與感官對象接觸時，識就生起。那個識只有一剎那，但是由於它的因和緣都持續下去，所以識就剎那剎那不斷地持續生起。這樣，就有識的持續性。

在深觀這個歷程之前，你可能會以爲現象是堅實的、持久的實體。但是在審視到，是因與緣持續地讓現象顯現之後，你會開始以不同方式看待事物。在黑暗中以點燃的香快速畫圓，對眼睛來說，明亮的香頭看起來像是一個穩定的光圈。前一剎那的光點連接下一剎那的光點，雖然它既非相同亦非相異。我們拿香快速畫圓所形成的光環，事實上是許多光點的快速接續。因此，它屬於帶質境。了解這個歷程，我們能看見它事實上是一系列不相連的光點，而我們在心裡把它們連在一起形成了光環。然而，如果我們繼續無明於此，就會相信我們看見一個實際的光環。

如果用同樣無覺知的方式看待人生，我們可能認爲事物是恆常而獨立存在的。不過，在了解之後，我們就明白沒有任何事物是恆常的，也沒有什麼獨立存在的自我。就像光環是個視覺幻象一樣，恆常和獨立自我的觀念，也是感知和認知的幻象而已。當我們觀察夠深入時，就能看見一切物質和心，每個剎那都在演化改變中。然後我們就明白實相的本質，而對於無常和無我的智慧，將會讓我們不被幻象所困。

西元前五世紀，希臘哲學家赫拉克利特（Heraclitus）在觀察河流時，做了類似的結論——他在五分鐘前游泳時的河水，與五分鐘後他站起來時的河水並不相同。他說：「我們不可能踏入同一條河兩次。」赫拉克利特的觀察，是對於無常和無我的洞見，雖然他並未用到這些名詞。

一切現象——物理的、生理的、心理的現象，都是以這種方式顯現和轉化。當因緣條件具足時，某個現象就產生了一剎那，隨著這些因緣條件的重複，就再度產生這個現象。這個穩定的現象之流造成恆常的幻象，但事實上每一個生起的現象都是新的。現象在一剎那間滅了，下個剎那新的現象便生起。

自我與他人，內在與外在都是概念；概念由我們的心識產生。我們用概念之劍，將實相切割成碎片，並在事物之間創造出界線。從一般世俗感知的觀點來看，事物各自獨立存在；我們看見雲朵存在於玫瑰之外。但是使用無常與無我的鑰匙，我們能打開實相的大門，看見雲朵並不在玫瑰之外，而玫瑰也不在雲朵之外。如果沒有雲朵，就沒有雨；如果沒有雨，就沒有水；如果沒有水，就沒有玫瑰。而當玫瑰枯萎時，它的水分蒸發而回到雲朵裡。這樣地深觀，關於界線的概念就消失了，而我們也在玫瑰中看見雲朵，在雲朵中看見玫瑰。

這個偈頌有著《華嚴經》的意味。《華嚴經》說：「一即一切，一切即一」。一包含了其他一切，一切中有一。在我們這個時代，原子物理學家深入觀察分子世界後，已經必須放棄內與外、自與他的概念了。他們知道，一個原子是由所有其他原子組成；一粒電子是由所有其他電子組成。在一個分子或原子中，我們可以看見所有其他分子和原子。一個原子包含了整個世界。在一個人之中，存在著宇宙的一切。我在你之中，而你在我之中。此有故彼有，此無故彼無。緣起（pratitya-samutpada）的教法發展到極致時，就變成無窮盡的因緣的教法①。

我知道你還在那裡，
因爲我還在這裡。
感知的手臂環抱一切，
將生連結到死，主體連結到對象，每一件事物連結到其他事物。

一九六〇年代中期，我在越南的萬行佛教大學（Van Hanh Buddhist University）教導「唯表學派」教法時，經常在課堂結束時背誦這首詩。它幫助學生了解這些教法。但是，如果對於「唯表學派」的教法缺乏基礎的認識，似乎就不可能了解這首詩。

越南李朝時期（西元十一世紀）的一位禪師說：「此有微塵有；此空一切空。」只需要一粒塵沙存在，其他一切就存在。同一時期的另一位禪師說：「一毫端藏宇宙，一芥子現日月。」②我們的概念化之劍，我們的分別心，將事物分別爲自我與他人、內在與外在。我們認爲識在內，而識的對象在外。但是外在的觀念之所以存在，只是因爲我們有內在的觀念。在什麼的內在？若說意識存在於身內，並不是眞的。若說它存在於身外，也不是眞的。

在《楞嚴經》裡，佛陀說明識既不在內，不在外，也不在中間。《金剛經》提到我、人、眾生、壽者（壽命）的概念，好讓我們可以超越它們③。這些教法幫助我們去除概念，是「唯表學派」教法研習的一部分。

當我們超越了概念時，就開始了解這些教法了。但是如果我們相信，「唯」識存在，識之外任何東西都不存在，就仍然困在內、外的概念之中，並未依教法修行。教法是爲了幫助我們超越一切概念，也包括「識」及「唯表」的概念。

---

①關於「緣起」的深入討論，見一行禪師，《佛陀之心》（*The Heart of the Buddha's Teaching*，橡實文化）第二十七章。

②慶喜大師（Master Khanh Hy, 1067-1142）。

③見《一行禪師講金剛經》（*The Diamond That Cuts through Illusion*，橡樹林文化）。

「我」的觀念依賴於「無我」的觀念，兩者都是概念心的產物。實相是不受概念束縛的。在佛教裡，「無我」是個關鍵教導，是幫助我們探索實相，解脫自己的一個工具。它是「我」的對治。我們需要它，因爲我們執著於「我」，是「我」這個觀念的受害者。但是這個教法並非用來膜拜的。「我」是心的產物，「無我」也是心的產物。當我們能夠觸及實相時，這兩個觀念都將去除。當我們生病時，需要藥物來緩解疾病；一旦康復，就不再需要藥物了。

當你閱讀這本書時，可能對於「唯表學派」教法生起一些洞見。如果你體悟到超越概念（諸如生死、自他、內外）的重要性時，你就從「想用理智證明你的理解」的欲望中解脫出來了。當人們問你關於「唯表」或「唯識」時，你將不覺得要做任何解釋。你可以只是微笑。如果有人問你：「識是一或是多？」就說：「識既非一，亦非多。」只有當你具有覺悟的智慧時，你的話才有價值。

識總是包括識的主體與對象。自我與他人、內在與外在，都是心創造的概念。這是世世代代傳承下來給我們的，叫作「二取」。首先是執取感知的主體爲「我」，其次是執取感知的對象爲一個外在客觀的實相。事實上，主體與對象二者都屬於感知。我們必須訓練心，好能放下這兩種執著。

諸如自他、內外的概念，都是兩種執取的結果。在佛教修行裡，不只低自尊是病，高自尊也是病，而認爲自己與他人相當，也一樣是病。爲什麼呢？因爲這三種想法，都是基於「你與他人分別獨立」的觀念。了解「相即」可以治癒這種病，並且在所謂的自我與他人之間，建立圓滿的和諧。

費立茲．波爾斯（Fritz Perls）是「完形治療學派」（Gestalt school of therapy）的創始人之一。他常被引用的一句話是：「我做我的事，你做你的事；我活在世上並非爲了滿足你的期望……你是你，我是我，如果碰巧我們找到彼此，那很美好；否則，也無可奈何。」這個論點的基本觀念是——自與他是獨立的個體。它並非基於「相即」的洞見。我不是很喜歡這個論點。至少，我期望你照顧好自己，因爲如果你好好照顧自己，我會少受點苦。我的學生有權利期望我是個好老師；意思是我必須實踐我所教導的，這才公平。而我有權利期望我的學生，把從我這裡學到的付諸實踐，那也才公平。

對波爾斯先生所說的論點，我想以這首詩偈來回應：

你是我而我是你。

難道我們不是相即的嗎？
你栽植內在的花朵，好讓我變得美麗，
而我轉化內在的垃圾，好讓你不必受苦。

這是一種基於「相即」的洞見。如果我們依照這種洞見來過人生，就不需要受太多苦。

32

# 見分、相分、自體分

識含三部分，
見相與自體，
種子和心行，
皆亦復如是。

識有三個部分——
見分、相分、自體分。
一切種子與心所
也都一樣。

這個偈頌像是一條蛇；如果你不小心，就會被它咬。讀它的時候，你可能認爲它在說識有三部分。但是這個偈頌只是善巧地告訴我們一些事。別認爲識是一個可以被分爲三部分的東西，別被這個想法綁住了。這種區分只是設計出來的架構，爲了幫助我們了解識的實相。一旦了解了，我們就能停止區分。假設我畫了一個圓，並用一條直線把它分成兩部分。這個圓是基本——識，而從這個基本顯現出識的主體與對象。但是這兩部分從來沒有離開這個整體的圓，就像波浪從沒離開過水一樣。如果你認爲任何一部分獨立存在於其他部分之外，你就被這條蛇咬了。

當我學習「唯表學派」教法時，還是個年輕僧侶。我的老師畫了一個圖來說明這個偈頌：一隻蝸牛在樹葉上爬著。他說蝸牛的兩根觸鬚，就像是感知的主體與對象，蝸牛的身體是本體，是物的自身。第一根觸鬚代表感知的主體，第二根則是感知的對象，而蝸牛的整個身體代表感知的整體，即是主體、對象和本體。老師有一次從一棵灌木上，撿起一隻蝸牛給我看。當你碰觸蝸牛的觸鬚時，牠就會把觸鬚縮進去，我們就看不到。同樣，識的主體與對象不一定時刻顯現。當它們沒有顯現時，你無法看到主體與對象兩者，但它們仍然存在，只是處於沒有顯現的狀態。

識有三個部分：感知的主體，對象，以及本體。主體（見分 darshana-bhaga）是感知的第一個部分。感知的第二個部分是其對象（相分 nimitta-bhaga）。第三部分是本體（自體分 svabhava-bhaga）——主體與對象的基本。主體與對象是同時生起的。當蝸牛伸出觸鬚時，牠是同時伸出兩根。識可以顯現或不顯現，取決於主體與對象是否顯現。當識顯現時，我們就說它存在。當它不顯現時，我們就說它不存在。但是這個存在及不存在的想法，造成我們受苦。感知的主體顯現的時候，就是感知的對象顯現的時候，而若沒有本體，兩者都不可能。本體便是一切。

對於八識來說都是如此，對於每一粒種子以及每一個心所也一樣。所有的種子以及心所也都有這三個元素——主體、對象及本體，因為它們全都屬於識。在我們識田中的每一個心所，每一個感知的對象，每一粒種子，都有這三個部分，而且三者不能分別獨立。它們只能同時存在；少了任何一個，也就不可能有其他兩個。

《華嚴經》的教法告訴我們，無限小包括了無限大，而無限大包括了無限小。如果是這樣，那麼無限小具有和無限大同樣的本質。一個原子、一片葉子、一道蒸氣，每一個都含藏著我們所應知的整個宇宙的全部資訊。當我們發現了原子的眞相，也就發現了整個宇宙的眞相。當我們了解了海洋裡的一滴水時，就了解了整個海洋。如果我們觀察一顆鵝卵石，觀察得夠深入時，就能看見整個宇宙。

深觀一片葉子，我們能見到太陽和雲朵。深觀我們的身體，能看見整個宇宙以及宇宙中的一切存在。只要深觀一件事物，我們就能了解一切事物。本體與現象，究竟與世俗，總是在一起的。它們不是兩個不同的個體。我們身體的每個細胞，都包含我們所有的祖先與後代。我們內在的每粒種子、每個心所、每個識，都包含了整個宇宙、全部的時間、全部的空間。你不必長途跋涉就能發現這點。你無須許多禪修的主題，就能獲得這個洞見。如果你深入感知任何善或不善心所的眞實本性，你都能成就完全覺悟。只要搞清楚一件事，你就能了解存在的一切。

在「一」裡面，你能認出「一切」。憤怒的種子在你內在，甚至在它現行爲心所之前，本身就包含其他的元素。憤怒的種子也觸及你其他的一切種子，包括愛與和解的種子。怎麼說愛包含在憤怒之中，憤怒包含在愛之中呢？就像一朵花是由非花的元素所造成一樣，憤怒也由非憤怒的元素造成。一包含一切。但是由於我們習慣以分別心來思考，就認爲愛的種子與憤怒的種子是分開的。

佛陀的每一種教法，都包含了他的其他教法。如果我們深觀第一聖諦，苦聖諦，我們也看見其他三個聖諦——苦的起因（集諦），從苦解脫的可能性（滅諦），以及解脫苦的道路（道諦）。深觀痛苦，我們就看見出離痛苦之道。相即——一即一切，是佛陀一個很重要的教法，也許是幫助我們解脫痛苦最重要的教法。我們不需要學所有的不同教法；如果我們深入學會一種，就能理解所有的教法。我們必須訓練自己這樣觀察。

我們的每個煩惱，我們的不善心所，都包含著佛性以及解脫。我們的憤怒包含生起它的一切因素。如果我們的憤怒不包含解脫，我們怎能將它轉化爲非憤怒呢？在我們的肥料堆裡有許多芬芳的花朵。善巧的園丁不會把廚房垃圾丟掉，而是把它轉爲肥料。經過一段時間，垃圾終將轉變成一整籃新鮮、翠綠的蔬菜。如果我們知道如何將貪、瞋、癡、驕傲、懷疑、邪見、焦躁、昏沉、失念等痛苦化爲堆肥，我們就能將它們轉化爲安詳、喜悅、解脫及快樂。

沒有必要消滅任何事物。事實上，沒有任何東西能被我們消滅。如果我可以滅除其一，就必須滅除一切，因爲一包含一切。當我們在冬天進到廚房時，覺得溫暖舒適。這溫暖舒適的感覺，不僅來自廚房裡的爐子，也來自外面的寒冷。如果外面的氣候不冷，我們進到廚房時就不會有舒服的感覺了。舒服感是由不舒服感造成的；而不舒服感是由舒服感造成的。此有故彼有。一個心所包含了一切其他心所。每一粒種子包含了一切其他種子。憤怒種子裡包含了愛的種子。無明的種子裡，包含了覺悟的種子。我們每個細胞裡的基因，包含了一切其他基因。在好的環境裡，一個不健康的基因，能夠慢慢地轉變成健康基因。這個洞見，能爲現代治療法開啓許多扇門。這是佛陀的教導。當我們忘記它時，就漂流進生死世界。但是當我們將失念轉化爲正念時，就能明白其實我們不須拒絕或消滅任何東西。

# 33 生與死

識性本表別，
隨因緣生滅，
見相互輔成，
為能別所別。

生與死依賴眾緣。
識有顯現和分別的性質。
能知與所知互相依賴，
成爲感知的主體與對象。

依據「唯表學派」的教法，「生」的意思只是顯現，某個現象的出現。「死」的意思是不顯現或不出現。生與死依眾緣而來。當眾緣和合，條件有利於生時就有生（顯現），有利於死時就有死（不顯現）。

當我們深觀並認出，生和死產生的因與緣，就體悟到生與死只是觀念而已。某件事物的顯現並不是它存在的開始，而當某件事物不顯現時，也不是它就不存在。某個現象顯現之前，它已存在眾緣裡了。生是由死造成的，而死由生造成。每一剎那，生與死都同時發生。在出生前，你已存在了；而當你死後，並不會變成無。你回到本體，回到根本，好再度顯現。

每一件事物的顯現，都必須依賴眾緣。條件若具足，事物的顯現就會被感知到。條件若不具足，我們就不能感知這個顯現。但不顯現並非不存在。當蝸牛將觸鬚縮進去時，若說觸鬚不存在了，並不正確。當我們走開而蝸牛又再伸出觸鬚時，若說它們那時候才開始存在，也不正確。

同樣地，當識顯現時，識並非在那一剎那出生了。當它不顯現時，也不是在那一剎那死了。當識顯現時，就有分別（vikalpa）。分別就說：「這是我，那不是我。」這便是那把切割、區分我與非我的劍。但是分別並非眞理；它是一種虛構，心的造作。分別這個字的中文表意是「遍計」。「遍」就是普遍，「計」是計較，分別和比較：「這個是內在，而那個是外在。這個持續存在，而那個停止存在。」

識的三個部分其中兩個——感知的主體與對象，依賴於彼此而顯現。兩個都不能沒有另一個而獨自存在。當你生氣時，總是會有一個你生氣的對象，你是對某人或某事生氣。當你墜入愛河時，是與某人戀愛。如果你忌妒，你的忌妒也有一個對象。有時候我們會說「某人忌妒影子」或「她忌妒風」。即使你所忌妒的對象並無實體，只是風影，但「影子」與「風」仍然是對境。

當女人知道自己懷孕時，她已經開始愛這個孩子了。她想像這個孩子在她肚子裡成長，孩子將來的長相、甜蜜的微笑，同時她確定孩子的這個影像屬於性境。但是她愛的對象仍然屬於獨影境，實際上是虛構的。心做分別並比較，好發展出這個影像。這是爲什麼偈頌說：識在本質上是一種「表別」。識有兩個作用：顯現（表現）和分別。

識的本質是顯現感知，其中主體與對象互相支持，使兩者成爲可能。識顯現成河流、山岳、星辰及天空。當我們看著河流、山岳、星辰及天空時，可以在深藍色的水裡看見思考，在星辰裡看見感知。這是眞的，因爲這一切現象都是集體與個別心識的顯現，都是感知的境。我們認爲客觀眞實的，其實在開始時都是我們感知的境。

我們必須區別「唯識」與「唯表」兩個名相。對於「識」，我們用梵文「vijñana」，但是《三十頌》的作者世親（Vasubandhu），用的是「vijñapti」，意思是「表」，表現。梵文的前綴字「vi-」的意思是區別、辨別、分析、了解或認知。當某件事物尚未顯現時，我們稱它爲「avijñapti」。

如果我讓你看我的手，你並不能看見我寫書法的能力，但那不代表我這個能力不存在。它只是「未表現」（avijñapti）。如果我拿一張紙，用我的手拿毛筆寫字，你就會看到它寫書法的能力了。那時就是「表現」（vijñapti）了。表現的意思是，感知的主體與對象同時顯現。

生與死依賴眾緣；成與壞依賴眾緣。識並不只是顯現爲感知的主體而已。當識顯現時，感知的兩個部分——主體與對象同時顯現。

# 34 持續現行

於自表共表，
我無我不二，
輪迴每剎那，
浮沉生死海。

在個別與集體的顯現中，
我與無我不二。
生死輪迴在每一剎那中。
識就在生死大海裡演變。

當我們觀察任何現象時，無論是物質的、生理的或心理的，都能在其中看出其個別的顯現（自表）與集體的顯現（共表）的性質。我們可能認爲梅村是完全客觀性的。它的上村離下村有兩哩，而距離當然是種客觀的現象。但是對於這上下兩村間的距離，我們每個人都有各自獨特的經驗。對某些人來說，從上村走到下村距離很近，但對其他人則似乎很遠。住在梅村裡的每一個人，都各有他自己獨特的「梅村」影像。在每個影像裡，個別顯現所占的分量都超過集體顯現的分量。但是在這些影像中，也有集體的因素；亦即它們在某些地方是共同的。我們必須練習深觀，好看出在我們的感知對象裡，有多少個別性，又有多少集體性。

我們也必須問：當有集體顯現時，那是誰的顯現？一張桌子由木頭造成。桌子是穩定的，可以把茶杯放在上面。桌子作爲家具的影像是集體的，是與其他人共有的影像。但是一隻蛀蟲並沒有這個集體顯現。相反地，蛀蟲把桌子看成可以吃好幾個月的大餐。所感知的影像，取決於能感知者藏識裡生起的種子。沒有任何顯現是完全個別或完全集體的。

我們內在的憤怒種子是我們的個別顯現，因爲它讓我們受苦，但這並不表示它們與其他人無關。當我們生氣時，周遭的人是難以快樂的。這樣說來，我們的憤怒也是一種集體顯現。一切現象都是同時既個別又集體的。就像臭氧層的破洞，與地球上一切生物的生存相關連一樣，柬埔寨某人的快樂痛苦，也與北美某人的快樂痛苦相關連。當我們能看穿集體與個別顯現的本質時，自己與他人、我與非我的觀念就會消失了。

一開始，我們分別我與非我、我與你，而且只關心和自己有關的事。但是過一陣子之後，我們發現如果不照顧「非我們」的話，後果是悲慘的。如果我們不好好照顧伴侶，就會承受不關照的後果。如果我們不具體地展現對於臭氧層破洞的關心，就會承受不關心的痛苦後果。

幾世紀以來，那些所謂已開發國家的行爲自私自利，只關心自己的「國家利益」。他們只關心自己的經濟、自己的文化、自己人民的教育。他們說，照顧其他國家不是他們的責任。但是如果所謂已開發國家，否認他們對於所謂第三世界的責任，那麼已開發國家也會滅亡。

依據緣起的教法，已開發國家的生命依賴於未開發國家的生命；隨著科技發展，生產出許多商品，需要一個市場將它販賣出去。許多比較開發的國家在最初尋找市場及自然資源供給，以發展他們自己的經濟時，爲了占領土地，進行了戰爭似的遠征探險。然而，隨著時間過去，殖民者也必須放棄他們的殖民地了。當今，工業國家使用外交手段，並提供科技與經濟援助。但是他們的動機，並非眞是利他的。他們對其他國家的興趣仍然是爲了自己：藉著幫助一個新國家，他們希望它能變成銷售自家商品的市場。「第三世界」國家貸款以發展自己的經濟，但通常他們發展得不夠快，於是破產而還不出貸款來。如果國際貨幣系統垮掉了，後果將會回溯到已開發國家，而他們也將一樣受苦。各國已經開始學習「相即」這堂課了。

一開始，我們建立了「我」及「非我」。慢慢地我們學到，我們所建立的「我」並非獨立存在，因爲它完全依賴於那些「非我」的東西；於是我們就有了「無我」的觀念。以「無我」的觀念，我們超越了「我」的觀念。但是這個「無我」的觀念也是危險的。如果我們超越了「我」的觀念，卻落到被「無我」的觀念所束縛，那並沒有好到哪裡去。「無我」這個觀念也是個牢獄。

我們在《佛說法印經》裡學到，涅槃是超越一切觀念，不僅超越恆常與我的觀念，也超越無常與無我的觀念。宣說「無我」是爲了將我們從「我」的觀念拯救出來。但是如果執取「無我」，執它爲一個概念、理念，並皈依它，那麼我們受它束縛的程度，就和之前被「我」的觀念束縛的程度是一樣的。我們必須超越一切概念。

許多佛教徒（以及非佛教徒）談論「無我」時，顯示出他們仍然被觀念所束縛。他們關於「無我」的談論，一點點都沒減少「我」的觀念。即使他們不停地討論「無我」，也沒有因而獲得益處。他們仍然囚禁在觀念的牢籠裡，並繼續在日常生活中受苦。要獲得自由，他們必須終結「無我」以及「我」的觀念，看待「我」及「無我」爲相即。「無我」的教導，只是因爲有「我」的觀念。「我」與「無我」並非是二。

當深觀個別與集體的顯現時，我們就明白我與非我彼此不能獨存。我們也明白，投生輪迴，在每個刹那中一再發生。我們不須等到死亡後才再生，我們每一刹那都再生了。回想一下拿香畫圓所造成的光環，那光是每一刹那都再生的。這一刹那的光是前一刹那光的再生。若說我們還有十年、二十年或五十年才死，也不正確。事實上，我們每一刹那都在死去。我們現在正在死亡，而死亡可能帶來非常美麗珍貴的東西，就像前一刹那的光死去，下一刹那的光才有可能再生。

通常我們認為從生到死，之間要有八十或一百年。但是在每一剎那，我們都能在自己的身體與心識之內體驗到生與死。我們身體的細胞每一剎那都在死亡，讓出空間給別的細胞。如果每個細胞死亡都要舉辦喪禮，我們所有的時間便都花在悲傷上，而完全沒時間做別的事了。如果把身體或細胞死亡看成是必要的，新的細胞因而才得以出生，我們就不會花時間為損失哀悼了。若把這個歷程看成悲傷事件，是很令人遺憾的。生死循環依賴於身體、語言及心意的行為。每一剎那我們都必須發出光明、解脫、安詳、喜悅的能量，好讓自己及每個人的生命——生死循環——更為美麗。

再生這條路既不筆直也不迂迴。我們可能認為，再生是一條已經決定好的直路，這一剎那的你變成下一剎那的你等等。但是它並非那麼簡單。許多蜿蜒的道路交織成生死輪迴。每一剎那，我們都接收來自宇宙、社會、食物、教育、愛與恨的輸入。同時，我們產生輸出，呼出二氧化碳、讓其他人快樂或悲傷。若說我們走在通往某個方向的直路上，是不正確的。每一剎那，我們都朝向所有的方向走。

五十年前我寫了一本基礎佛法的書。我們可以追溯那本書的軌跡嗎？很多讀過那本書的人已經死了，但是他們的子女、孫子、曾孫都從它獲得一些觀念。我們無法只在一個方向上追蹤那本書的軌跡。我們也無法看見作者走過的所有方向。每一次我們說或做了什麼，無論是寫了一行詩、傳播一個想法、發了一封信，我們都走往許多不同的方向。一旦我們朝這些方向出發，就不可能把自己拉回原點。

我們以爲，某個時候到了就死去，其實並非如此。我們已在宇宙的各個角落存在。是什麼死亡呢？死去的身體，只不過是無關緊要的遺物罷了。我們已經在宇宙的各個角落了。我們存在於子女、學生、朋友、讀者身上，所有我們曾令他們快樂或痛苦的人身上。我們每一剎那都在再生的輪迴裡。若說我們只有在時候到了才死亡，開始進入再生的輪迴，那是過度簡化了。每件事物內在都擁有「相即」的本質。每一剎那都有生死輪迴。「我」與「無我」並非兩個分別的個體，它們不是獨立的。我們一旦深深觸及「相即」的本質，就不會再分別「我」與「無我」了。

所有八識，所有種子，所有心所，連同它們的對境，包括我們的身體，都在生死大海裡流變著。藏識就像一條河，無論是集體的或個別的，總是在演變著，流動著。我們的感官識就像好幾條河。在每一條河中，生與死都在發生中，這些河流每一剎那都在穿越生死的輪迴。當我們了解這一點，並將這個理解展現在生命中時，我們就到了無有恐怖的境界。如果我們只是把它當成理論，它不會把我們帶到無畏之境。無畏之境就是無生無死之境，無多無一之境。缺乏這種活生生的洞見，我們就還在畏懼之中。

生的意思是顯現，而死的意思是不顯現。不顯現與新的顯現，可以同時發生。雲的結束和雨的開始，可以同時被看見。事實上，沒有什麼結束，也沒有什麼開始。有的只是一串顯現之流。不顯現也可被理解爲顯現；顯現與停止顯現，每一剎那都在發生。如果注視影片的每一分格，你只看到靜止的畫面。但是如果你用放映機播放影片，就看見生命的流動，而你便有了無始無終、無生無死的印象。事實上，生與死每一剎那都在發生。我們現在就漂浮在生死大海上。當我們能夠以洞見和智慧清楚地看見這個輪迴時，就不再需要害怕它了。我們會知道如何享受在生死大海中漂浮。

我們不該拖延對於死亡的省思或禪修。我們必須學習在每一剎那死亡，好享受一次又一次的再生。我們必須訓練自己，將生死視爲顯現。生是一種延續，死也是一種延續，只是以另一種形式延續。雲的滅，意指雨的生。實際上，雲的本性和雨的本性即不生不滅的本性，延續的本性，持續顯現的本性。

# 35
# 識

時空與四大，
皆由識變現，
相即與相入，
異熟每剎那。

空間、時間，以及四大，
全都是識的顯現。
在相即相入的歷程中，
我們的藏識在每一剎那中成熟。

一切法，一切現象，都是受因緣條件所制約的。受因緣條件制約的有爲法，是其他元素所組成的。例如：花是由雲、陽光、種子、礦物質等等元素所成的。過去，佛教大師們教導，有些現象是不受因緣條件制約的。他們說空間不受任何條件制約，所以它是一種「無爲法」。但是我們知道，就像花由非花的元素所成，空間也由非空間的元素所成，所以它也是一種有爲法。

「四大元素」是地、水、火、風；它們是物質世界的四種能量。地大是堅實的能量；水大是流動和滲透；火大是熱與暖；風大是導致移動之力。這四種能量能夠被轉化爲其他能量。瀑布可以變成電力，以及因此而來的燈光。我們不該認爲，這四種元素是個別獨立的；它們彼此相依而存在。有時，四大加上空間和識，就變成六大。有時，加上時間和方向，就變成八大。所有的元素，包括空間和時間，都是識的顯現。

我們通常認爲，空間是空無一物。但是物理學家已說，當物質被稀釋後，就變成空間。相對論揭示了空間和物質是同一實相。如果沒有空間，就沒有物質。如果沒有物質，就沒有空間。

時間也是能量。時間造成空間，而空間造成時間。離開時間，就沒有空間；離開空間，也就沒有時間。愛因斯坦已經清楚地說過，時間和空間是同一實相的兩個面向。

讓我們一起去爬那座無名的山，
讓我們坐在那不朽的藍綠石上，
靜靜地觀看時間編織如絲之線，
以之創造出那稱作空間的面向。①

空間是實相顯現出來的一個面向，另一面則是時間。剛開始，我們可能先看見實相顯現爲空間，但之後可能看見它顯現爲時間。我們認爲冬天這種現象屬於時間。在北美洲，一月算是冬天。但是如果我們在一月到澳洲去，那邊卻是夏天。大爆炸和宇宙的膨脹，只能用空間和時間來理解。我們可以明白時間，因爲我們能觸及宇宙的膨脹。我們可以明白宇宙膨脹，只因我們可以觸及時間。時間和空間是同一實相的不同面，一個實相時而顯現爲時間，時而顯現爲空間。時間和空間相即；我們不能把它們分開獨立。兩者都是識的顯現。

識的顯現有許多種形式。識是一種能量，幫助地、水、火、風四大元素的形成。每一種元素都包含了其他元素。我們不能將實相區分爲個別的碎片，然後說這一片不是那一片。我們知道這一片包含了所有其他片。一股能量包含著其他股能量，就像瀑布提供能量讓電燈發亮一樣。我們的身體是一股能量，我們的思想也是。每一種能量影響所有其他的能量。這是「相即」。

在西方邏輯上，「同一律」說A就是A，不是B。花只能是花，不能是雲。但是這個法則是建立在「事物是恆常且有獨立自性」的觀念上。佛教在一開始利用「無我」的觀念，來幫助我們

①見一行禪師，〈真實根源〉，《以真名喚我：一行禪師詩集》（*Call Me by My True Names: The Collected Poems of Thich Nhat Hanh*, Berkeley, CA: Parallax Press, 1999, p. 116）。

深觀事物的本質。無我是無常的一個面向。雖然「無常」通常從時間上來了解，而「無我」從空間上了解，但事實上，時間空間是一，而「無我」與「無常」也是一。透過領會「相即」才是觀照「無我」的唯一明確方法。「相即」認出A是B，此也是彼。

回憶一下物理學家大衛・波恩關於「顯秩序」與「隱秩序」的說明。在顯秩序裡，我們看見事物獨立存在於其他一切事物之外。在隱秩序裡，我們看見一切事物都存在其他事物裡。在微粒子的世界裡，一個粒子是由所有其他粒子造成的。現代物理學家已經開始了解實相，與《華嚴經》所說大致相同。

「相即相入」一直都在成熟中。成熟或異熟（vipaka）的意思是，許多元素和合而產生一個果。如果要煮湯，我們就得把許多材料放進鍋子，加熱並等待。過一陣子後，這些結合的因素轉變成可以吃的好料。成熟結果並不只是在一百年才發生一次而已。在每個剎那中，成熟都在演生著。藏識的成熟每一剎那都在發生。每一天我們都在重生。

藏識以兩種方式成熟——成熟爲我們個人，及成熟爲我們所居住的環境。在這一剎那，我們可以接觸到已熟的果報，即我們自己、我們的朋友，以及我們的世界。明天成熟的那個果將會不同，或許更好，或許更壞，取決於我們各自的行爲或集體的行爲。在佛教裡，行爲（業）有三種形式：身體、語言和心意的行爲。我們的身體、語言、心意行爲混合作用時，創造出我們苦樂的差別。我們是自己命運的作者。我們生命的品質，取決於我們過去行爲的品質。這就叫作成熟。

某些種子比其他種子成熟得晚。某些在成熟之前與之後，保持同樣的本質；而某些在成熟之前與之後，則完全不同。有人可能種下了一粒音樂的種子，在那粒種子成熟之前，我們歌唱得不好，作的曲子也不怎麼好聽。但隨著我們一再地練習，種子成熟了，帶來了改變，我們創作的音樂旋律優美了。異熟在每一刻中進行。我們的身體、我們的心識，以及世界，便是成熟歷程中的各種結果。

心識是一切事物的核心。空間、時間，以及四大，都是識的表現。一切都有「相即」的本質，如果我們深觀其一，就會發現其他五大。深觀空間，我們也看見時間以及其他元素。

當我們知道如何轉化藏識裡的種子時，我們就有力量創造並得到一個新的異熟。我們可能認爲，新的異熟只有在我們離開現前這個身體，這個由八識所現行的身體之後才出現。但是深觀，我們就明白異熟在每一刻都在發生。在每個時刻，我們都有能力更新自己。

# 36 無來無去

緣俱即顯現，
緣缺即隱匿，
實則無去來，
有無兩皆非。

當因緣條件具足時，生命就顯現了。
當條件不具足時，它們就不再顯現。
縱然如此，實則無來，無去，
無有，無無。

我們最早在第十八章學過因與緣，佛教「唯表學派」列出有助於事物顯現的四種緣：「因緣」（hetu-pratyaya）、「增上緣」（adhipati-pratyaya）、「所緣緣」（alambana-pratyaya）及「等無間緣」（samanantara-pratyaya）。

眞相是，事物並不因爲因緣具足才「開始存在」。嬰兒的出生並非他存在的開始；他一直都存在，只是現在開始以這種形式顯現。一張紙，在它顯現之前，已經存在於雲朵和樹木裡了。如果我們把它燒了，它也不會就不存在了。煙會到雲裡去，而熱氣會到空氣裡去。這些東西並沒離開；它們或者顯現，或者潛伏著。

當條件具足時，現象（法 dharma）就顯現。當因緣不具足時，它就不顯現。當我們開始生氣時，並不表示那個憤怒在此刻才到來。憤怒的種子已經在我們藏識裡了；然後，當某人做了什麼惱怒我們的事時，這粒種子就成熟了，我們的臉變紅，聲音提高或顫抖，憤怒的其他外在徵象也就生起了。但是若說，我們的憤怒只有在那一刻才開始存在，並不正確；在識田裡憤怒已經以潛力存在了。

我們的身心也是如此。當因緣具足時，身體就顯現了。當因緣不再具足時，身體就停止顯現。它並非從哪裡來，也不會到哪裡去。這是無來無去的教導。我從哪裡來？我死後會去哪裡？這些是誤導的問題。

我們必須超越有與無、來與去、一與異、生與死的概念。當你所愛的人去世時，別在時空中尋找那個人。當因緣具足時，他就顯現了。當條件不再具足時，他就隱藏。我們再看不到他，但不表示他不存在。我們深觀，就能去除來與去的觀念。

我們要超越有與無、來與去、一與異、生與死等觀念。由有到無，只是一組相對觀念。事實上，沒有來也沒有去。佛陀被稱爲如來，來自眞如及去向眞如者。眞如的意思是「如是」，實相就是如此。眞如無法用此與彼、來與去形容。來自眞如的意思是不從哪裡來；去向眞如的意思是不去哪裡。實際上是無來、無去、無有、無無。有與無，只是我們爲了理解實相而在心理上所做的分類罷了。實相沒有這些。實相的眞正本質是涅槃——不受各種觀念束縛的自在。任何法都超越這些二元性——佛陀、你、葉子、芒果。就實相而言，這些觀念都用不上。

藉由緣起的教導，我們可以超越有與無的觀念。只要有一個因或緣不具足，要顯現的就仍然潛伏。當你在七月來到梅村，看到許多田地種了向日葵，於是你說這裡有向日葵。但是如果你是四月來的，你不會看到任何向日葵，而你會說這裡沒有向日葵。但是梅村四周的農夫都很清楚，向日葵已經在那裡了。種子已經播下，土壤也施肥灌溉了，要讓向日葵顯現的其他條件也都有了，只差一個——六、七月份的溫暖。當那最後一個條件也具足了，向日葵就顯現了。

當因緣具足時，我們就顯現了；當因緣不具足，我們就隱藏著。對每個人來說都是這樣——我們的父親、母親、姊妹、兄弟、我們自己、我們所愛的人、所恨的人。當摯愛的人去世時，最能減輕我們痛苦的，就是深觀，明白根本沒有什麼存在，沒有什麼不存在。我們昨天愛的那個人，永不再出現了。但是若說她不再存在，那只是我們分別心的造作而已。如果我們知道如何深觀，就能感知她的存在。

在你顯現之前，我們不能用無來描述你。在你顯現之後，我們也不能用有來描述你。只是顯現與非顯現而已。有與無的觀念，不適用於你或其他任何實相。「生與死，並不是問題。」（To be or not to be, that is not the question.）死亡的那一刻並不真的是止息的一刻，而是延續的一刻。如果臨終的人有這樣的洞見，她就不會有恐懼了。

# 37 因緣與所緣緣

種子生現行，
是名為因緣，
主體依對象，
即名所緣緣。

當種子生起現行時，
種子是因緣。
主體依所緣，
此爲所緣緣。

有四種緣幫助事物顯現。一切現象的種子都在藏識裡；這是「因緣」。如果你將玉米穗種到土裡，它就會長出一株玉米。玉米粒或種子是因緣。如果一粒向日葵籽落到土裡，它是將長出的向日葵的因緣。然而，單靠因緣仍不足以產生植物，還要有土壤、空氣、陽光、礦物及水，才能讓玉米或向日葵完全顯現。這些稱爲「增上緣」，在下一個偈頌會討論到。

我們已經談到過，主體與對象是彼此依賴而顯現的。能知的對象即是所緣。主體依於對象，這是第二種緣，「所緣緣」（alambana-pratyaya）。要讓認知發生，「所緣緣」是絕對必要的。沒有識的所緣對象，是不可能有識的。這對藏識、末那識，以及所有其他的識來說，都是一樣的。如果沒有感知的對象，就不會有感知。

如果沒有感知的對象，就不可能有感知的主體。只有當主體與對象一起顯現時，才會有識。如果沒有感知的對象，就不會有感知。

緣也必須持續，才能讓向日葵種子發芽生長，並且開出花來。如果在生長的過程中有了間斷，向日葵就不會變成眞實的顯現。我們稱此爲「等無間緣」，在下一個偈頌裡也會討論到。

# 38 增上緣與等無間緣

順緣或逆緣，
皆是增上緣，
轉變無間斷，
故為無間緣。

順緣或逆緣，
皆是增上緣。
第四種緣則是
等無間緣。

「增上緣」是幫助因緣發展的條件。一旦你播下一粒種子到土裡，它就會需要太陽的溫暖和光線，土壤裡的礦物質，以及雨水，才能發芽生長。

有各種因與緣幫助事物顯現。有些緣是有利的，有些則是不利的。這兩種有利與不利的增上緣，即是順增上緣與逆增上緣，都是助因。「順增上緣」就是幫助玉米穗成長爲玉米的緣，諸如陽光、雨水、礦物質，以及農夫的照顧。「逆增上緣」則看似障礙，但未必導致惡果。例如，假使有人想要搶劫，但卻遇上暴風雨而無法行搶。由於這個不利的逆緣，使他內在的貪愛種子，不能發展和現行爲強盜的惡行。

障礙有可能扮演增上的角色。有時候條件、狀況似乎不利，我們可能認爲那是個障礙，但是這些逆緣，這些不利的條件，可能在以後帶給我們更深的智慧和更強的力量，我們因而能夠成功。如果人類不遭遇困難，他（她）就不會成熟。因此，逆緣有時候也能有利於成長。

佛陀在世時，他的堂弟提婆達多，帶給他許多麻煩。但是佛陀總是視提婆達多爲增上緣，幫助他成爲老師。缺少困難，你無法成就偉大。即使你內在的痛苦和困難看來像是障礙，但它們可以變成助因。垃圾轉變成肥料，而肥料是花朵生長所不可或缺的。順緣及逆緣都可以善加利用，帶來進一步的成長。

第四種緣是「等無間緣」。如果某個現象在前一剎那不存在，在下一剎那它就不能存在。前一剎那的緣延續到這一剎那的緣，相續之流沒有打岔，沒有中斷。如果稻米開始生長了，你卻將它拔起，那麼它就不能再生長了。即使雨水、陽光、土壤等所有增上緣都還在，但是「等無間緣」中斷了，生長就中斷了。如果你在使用電腦時停電了，而你沒有儲存檔案，就會失去全部資料。我們需要每一剎那毫無間斷地跟隨前一剎那，果——顯現——才能產生。對於學習、修行，以及一切的顯現來說，都是這樣。藏識以及其他七識也都需要這種無間連續，才能繼續顯現。

一切現象的顯現，都至少需要這四種緣：因緣、所緣緣、增上緣及等無間緣。

# 39 眞心

因緣有兩面，
妄識及真心，
妄識因遍計，
真心由圓成。

因緣有兩個面向——
妄心與眞心。
妄心是虛妄分別的心，
眞心則是圓成實性。

由因緣顯現的現象，有兩個面向：妄心緣生或眞心緣生。妄心載滿了無明、妄想、憤怒及恐懼。眞心則是轉識成智，心識具有接觸究竟實相的能力。基於妄心的緣起，將會帶來痛苦及困惑。當我們看見人們在日常生活中深受痛苦，懷著強大的仇恨、痛苦、憂傷時，這些現象建立於集體的妄心上。而當一群人快樂地生活在一起，帶著微笑、彼此關愛、互相支援時，這種緣起則建立於共同的眞心。他們知道如何依據相即與緣起，來看待及接觸事物。這種感知事物的方式，開啓了到達究竟面向的大門。

妄心導致錯誤感知及痛苦，帶動十二因緣的生死流轉。這個循環流轉的梵文是「緣起」（**pratitya-samutpada**），我們在第十五章裡討論過。這裡再次談到這緣起的十二支。每一環節或因，帶來下一環節的生起：無明、行、識、身心或名色、六入、觸、受、愛、取、有、生、老死。這個循環的每一環都帶來下一環——無明導致行、行導致識等等。

緣起的第一支「無明」，是妄心。生死的世界是由妄心帶來的。錯誤的「行爲」由此心生起；接著，「行」就產生了造成「識」的種子。基於無明而來的生、老、死的循環，給我們帶來許多痛苦。

也有一個緣於眞心的世界。這個世界有陽光、鳥鳴、穿梭於松樹間的風，就像我們周遭所見的世界一樣；但是它沒有有與無、來與去、一與異、生與死。眞心緣生的世界，是《華嚴經》的世界，那裡「一即一切」，無有恐懼。眞心讓我們能夠了解一切現象不生不滅的本性。

緣於無明的循環流轉，已經有很多說明了。但是基於眞心的緣起則少有談論。佛陀說：「無明滅時明生。」當無明滅時就有智慧，正如黑夜結束時就有白天一樣。如果我們終結了無明，就會有智慧。在智慧之上的因果循環裡，會引生苦的種種行爲就不現行。覺性是一種能量，它會帶來智慧。妄心帶來身心的苦，而智慧則帶來佛身與佛心。

因此，緣起的教導應包括眞心緣生及妄心緣生。基於智慧的緣起是華嚴世界——陽光、花朵、動物、森林、一切事物都莊嚴美妙；不同於基於無明的世界，那裡一切事物都被視爲苦，總有追求其他事物的渴愛。

妄心由因緣生，眞心也是由因緣生。基於妄心所顯現的世界，充滿了痛苦；基於眞心所顯現的世界，則快樂安詳。並不需要走出妄心所生的世界，才能到達眞心所生的世界。當妄心世界隱藏時，眞心世界就會顯露出來。我們只要改變注視的方向，殊勝的華嚴世界——緣於眞心的世界——就會出現。

許多經論如馬鳴（Asvaghosa）的《大乘起信論》都提到了「二門」：生滅門與眞如門，相當於世俗面及究竟面。生命有兩面：一面是生、死及痛苦，另一面則是眞如與快樂。同樣的太陽每天照耀，然而我們這一天歡喜，下一天痛苦。如果我們的心有負擔，世界就是痛苦的。如果我們的心輕快開朗，不受內在心所汙染，世界就是美好的。眞心緣生眞如與快樂的世界，因爲它不被執著所束縛。

「唯表學派」說明實相具有三自性。究竟的「圓成實性」（nishpanna svabhava），具有完滿、眞實的性質；是涅槃，眞如的領域。「遍計所執性」（parikalpita svabhava）的意思是心念所施設的；是妄心分別的世界。妄心（遍計所執 parikalpita）是被二元以及自我與恆常觀念所制約的心，被無明、貪愛及瞋恨所束縛。它的本質是有覆的，並非光明清晰的；它妄分別有與無、來與去、一與異、生與死。妄心依賴於一種基於二元對立、觀念、想法的思考方式，無法接觸到物自身。由於我們的妄心發明、創造並建構事物，不能觸及實相，我們便活在一個虛妄造作的世界裡。我們感知的一切都是帶質境，而非眞如領域，性境。

如果你的心密布著想法或觀念之雲，你就不能清楚地看見事物。許多年前，在一場為越戰退伍軍人舉辦的禪修營裡，有人告訴我，多年來他只能把越南人看成是賊，是敵人。當他剛抵達禪修營看見我——一位越南和尚時，他相信我是他的敵人。後來，由於修行的幫助，他發現那不是眞的。

有一次，另一位學生告訴我，他可以接受生與死發生在我們日常生活裡的每一剎那，生與死是相即的，但是他懷疑當身體分解後，我們是否會延續下去。他問到：「頭腦分解後怎麼還能想像？因此，延續如何能被想出來呢？」如果你深觀當下此刻，你就能明白。我的每位學生，在他（她）們的內在都帶著我。當下，在莫斯科城裡，有人正在呼吸並微笑，那就是我。

空氣中充滿著衛星發射給我們的訊號。如果我們有台電視或收音機，就能讓這些訊號顯現。

但是當我們沒有電視或收音機時，這些訊號就不存在了嗎？佛陀說：「當條件具足時，事物顯現，你就把它當作有。當條件不具足時，事物就不顯現，而你就把它當作無。」每一件事物，都是從我們的集體與個別藏識裡顯現的。但是因爲我們受困於有與無的觀念，無法接觸到究竟層面。我們按照我們心的模式，從藏識裡的種子顯現的心所，來感知事物，因此我們所見的每一件事物都是扭曲的。

因此，禪觀自己的感知非常重要。我們創造了一個充滿虛妄幻象的世界，結果，我們日常生活裡每一天都在受苦。解決辦法是，學習以智慧之眼，以眞心，以佛陀之眼來看。眞心生起於圓成實性。當我們能夠清楚而直接地感知事物時，當我們能夠觸及性境時，我們的心就變成眞心。

眞心是散發著光明且智慧的，具有智慧與悲憫。當我們用眞心之眼來看時，緣起就帶來絕妙的華嚴世界，在那裡一切事物都是光亮、喜悅、愉快的。緣起能將一群具有智慧及愛的人聚在一起，並建立起一個小小天堂，讓這個團體的每位成員享用。想像一下，許多佛陀及菩薩到來，一起建立一個充滿陽光、喜悅、安詳的世界。觀想一下有個社群團體，每個成員都智慧、慈愛，不受虛妄感知所束縛。這是華嚴的絕妙氛圍，是般若（prajña）的緣起顯現，而非妄心。

當具有妄心的人們聚在一起時，就顯現痛苦、憤怒、瞋恨；他們創造的集體顯現就是地獄。

這是爲何我們要練習深觀，好轉化我們的愚癡、憤怒、瞋恨。修行的目標並非終結充滿痛苦的人生，而是創造一個充滿喜悅安詳的人生。

# 40 眞如世界

遍計薰無明，
成輪迴苦因，
圓成啟慧覺，
顯露真如境。

妄執以無明種子薰習心，
帶來輪迴的苦。
圓成實性開啓了智慧之門，
通往眞如世界。

我們的心妄執分別並想像各種事物，這個虛妄分別的性質將實相切割成個別的部分：這個與那個不同，我不是你。它的功能是分別——自與他、內與外、來與去、生與死。我們習於依照分別心來過日常生活，而妄執增長了無明，我們的習慣性取決於這些分別計度。以這種分別、想像及建構，我們每天灌溉識田裡的無明種子，並帶來輪迴的苦，痛苦與虛妄的惡性循環。地獄是我們建構出來的。

圓成實性——圓滿眞實的本性，意思是以相即的本性來看待事物；以這種方式生活，我們在多中見一，在一中見多，並明白無生、無死、無來、無去。如果我們學習以這種方式來看，漸漸地，絕妙的眞如世界將會對我們顯露，並開啓解脫之門。當我們能夠接觸到圓成實性時，就能開啓智慧之門，安住於眞如世界裡，從虛妄無明和痛苦中解脫。

如果我們持續以自我、恆常及二元的觀念來看待事物，就會繼續灌溉內在的無明種子，繼續在輪迴流轉中受苦。因此，改變我們的觀察方式是很重要的。這個新的觀察方式是「依他起性」——互相依存的本質。改變我們觀察的方式，學習觀見事物「依他起」的實相，是基本的修行。下一部的偈頌將開示我們種種方法，學習以這種方式感知實相。

【第六部】

# 修行之道

第四十一頌到第五十頌說明修行的方法。觀照緣起的本質，能夠將虛妄無明轉爲光明。每天訓練自己深觀，以正念照亮事物「依他起」的本質，讓我們能夠擺脫掉將事物感知爲恆常且具有獨立自我的習性。我們藉由這個亮光，能夠看見生死輪迴的世界與眞如涅槃的世界，基礎是相同的。輪迴與眞如並非彼此分別獨立；它們是同一實相的兩個面向。如果我們能夠深觀，甚至只是簡單地觀察輪迴世界裡的某一件事物，我們就能夠突破並接觸到眞如之境。

禪修的目的在於接觸到無生無滅，眞如的領域。有一個禪宗寓言故事，在十一世紀時，有位弟子問他師父：「哪裡可以觸及無生無滅的實相？」師父回答：「就在生滅的世界裡。」藉由深入接觸波浪，你就接觸到水。藉由接觸輪迴世界，你就接觸到眞如世界。就在輪迴裡，我們已經擁有接觸眞如領域所需的工具了。

# 41 修行的方法

觀照依他性，
無明轉覺智，
輪迴與真如，
雖二實為一。

觀照依他起的本質，
能轉虛妄無明爲覺悟。
輪迴與眞如並非二，
它們是相同的一體。

當我們具足正念地生活時，就能在事物的核心裡看見「依他起」的本質，並轉無明爲智慧。虛妄無明變成覺悟——我們明白，過去感知爲輪迴的，其實與涅槃（眞如領域）並無不同。正念於相即相入的本質，就是這個轉化的關鍵。

第三十九頌及第四十頌介紹了「三自性」。「唯表學派」的教法說，一切現象都具有這「三自性」（svabhava）中的一個或多個。「三自性」是遍計所執性、依他起性、圓成實性。大多時候，我們都是在遍計所執，虛妄分別的世界裡運作。我們看待事物爲生與滅、成與壞、一或多、來與去，而且在心裡把這些性質歸爲實相。但是它們並非實相本身，它們是造作安立出來的。這並非實相本身，而是由於我們的無明所創造的。如果我們說，月亮看來是憂傷的；這個月亮的憂傷性，是我們自心的建構。我們被這個無明、生死的世界所囚禁，因爲我們把這個自心創造的世界當作是實相。

跟遍計所執性的世界相反的，就是圓成實自性——事物如實的本質。這不是我們自心的建構，也不屬於概念。在性境的領域裡，無生、無死、無一、無多、無來、無去、無有、無無。這是究竟面向，眞如領域，涅槃。我們該如何離開造作分別的世界，而進入涅槃呢？辦法就是藉由觀照相依的本質，依他起性的修行。

第三種自性是依他起性。藉由學習和自我訓練，我們訓練自己深觀萬物依他起的本質。當我們看見事物依他起的本性時，就不再被二元對立的觀念束縛了。我們看輪迴與眞如是一無二。以無明之心，我們就只看見輪迴；但是當我們的心淨化成爲眞心時，輪迴就轉化爲眞如，涅槃。我們腳下之地究竟是天堂或是地獄，完全取決於我們觀察和生活的方式。輪迴與眞如基礎相同，這個基礎就是我們的識，我們的心。如果我們練習深觀依他起的本質，一切事物相即的本質，那就是依他起性。以這種智慧，我們就能轉無明爲光明。

依他起的意思是，一件事物只能依賴其他事物而生起。一朵花的生起，依賴於種子、雲朵、雨水、土壤，以及陽光的溫暖。所有這些事物都不是花，但是花的存在依賴於它們；這是花朵的依他起自性。宇宙中每一件事物都有這個依他起自性。深觀我們所感知的一切，照見它們的依他起自性，是將無明轉化爲覺醒智慧的方法。

我們藉由觀照無常、無我、相即，而明白事物的本來面目。《佛說法印經》[1]說，當我們能夠觸及一切現象無常與無我的本質時，就能觸及涅槃。理解或描述涅槃的另一個方式就是，一切事物相即的本質，或是緣起。無常與無我屬於現象世界，涅槃屬於本體世界。無常、無我、涅槃這「三法印」，是理解「唯表學派」教法的關鍵之鑰。

第一把鑰匙是無常，用來開啓時間的實相之門。第二把鑰匙是無我，用來開啓空間的實相之門。它們雖然說來不同，但其實是一。時間與空間是一，缺了一個，就不可能有另一個。第三把鑰匙是涅槃，圓成實性，無生、無死、無來、無去、無一、無多、無有、無無的實相。這是緣起的世界，沒有什麼是獨立且恆常存在的個體。無常與無我，和相即的本質並行。要觸及涅槃，看

① 《大正藏》Vol. 2, No. 104。

見實相的依他起性，我們就必須觸及無常與無我。

遍計所執自性與我們「有一恆常且獨立之自我」的妄念並行。我們視周遭世界爲恆常，且由具有獨立自我存在的個體所組成。因此，當我們開始修行時，必須要用無常與無我這兩把鑰匙，照亮一切事物緣起的本質。修行的方法就是點亮正念的燈，並且每一刻都活在這正念之光裡。

以正念之光來看一朵花，我們就很容易看出它的生起是依賴於陽光、雨水、土壤等等。我們可以同樣方式來看人類，觀察父母或朋友，也看到他們依賴其他條件而有的本質。當我們觀察自己與他人的心理特質時，必須了解緣起。如果某人總是憤怒或憂傷，我們和他在一起時便不舒服，就會傾向於責怪或迴避他。但是當我們了解他憤怒與憂傷的根源，看見憤怒憂傷是依賴其他因素顯現時，我們就能接納他，以悲憫心看待他，而且會想要幫助他。自然而然地，我們和其他人都將少受些苦。這是洞見緣起，能夠讓我們立即體證的成果。

看到一位行爲舉止良好的小孩時，我們可能會了解他行爲良好的原因和根源，就是他所屬的社群與家庭，那是培養出他的基礎。但是更重要的是，看見一個殘酷孩子的緣起之理。小孩子的殘酷就和良好行爲一樣，原因可能在於他的家庭、社會、學校、朋友和祖先。如果不以緣起之光來看小孩的特質，我們就會生氣或害怕，並且責怪他們。我們必須盡最大努力來了解他的依他起自性，以便了解他、接納他、愛他，並且幫助他轉變。

如果我們以緣起之光來看死刑，就會看見這種極端的處罰是不合理的。這個人會犯下嚴重罪刑有許多原因，其中包括他繼承自祖先的種子，以及他今生所種下的種子。他曾經處於各種不同環境裡，而他的父母、手足、朋友、老師、長官及社會都不夠盡力，沒有幫助他轉化他接收到的不善種子。那些種子一旦成熟，便在他內在產生出一股極大力量，驅使他殺人、強暴，或犯下其他嚴重罪行。當我們認爲，除了將他處死之外別無他途時，我們就顯現出了共同的無力感。就一個社會來講，我們被打敗了。我們必須深入觀察所有造成違法者犯下如此之罪的因與緣，如此我們方能生起慈悲之心，並幫助他轉化其內在的不善種子，以及我們集體意識中的不善種子。

當然，要原諒傷害我們的人並不容易。我們的第一反應通常是憤怒，以及想要報復的欲望。然而，如果我們能夠以緣起之光觀照，或許能夠看見，如果我們的成長過程、教育背景或人生經歷，和那位犯人一樣的話，我們大概不會和他有多大不同。當我們了解這點時，就不會憤怒或想復仇，甚至會開始覺得要保護他。

《本生經》是佛陀的前世故事。作爲菩薩，他修行包容和忍辱。有個故事是說，他在身體被鋸成片段時仍然微笑著。當我還是小孩時，讀到本生故事，覺得難以理解，怎麼有人可以那麼忍耐並且原諒他人？我當時還太小，不能了解佛陀之所以能夠如此修行，是因爲他有慧眼，能夠看見導致傷害他的人如此殘暴無人性的因與緣。「觀照力」是令菩薩生起大悲心的直接原料。未能深觀，尙未體驗大悲心的人，無法理解菩薩的包容力。但是當我們深觀，對於悲憫心稍有體會時，就能了解並慈愛那些殘酷而不負責任的人了。那時，我們就能夠了解菩薩的微笑了。

在越戰期間，許多出家人及年輕在家人協助戰爭的受害者。我們的年輕社工們，滿懷著強烈愛心。他們眼看同胞及鄉土遭受蹂躪，便想幫忙。而他們工作的環境是淒慘而且充滿痛苦的。交戰雙方，有一方以爲我們是共產黨，想要殺害我們；另一方則以爲我們支持敵方，或是ＣＩＡ情報員。在那段黑暗時期，有許多工作人員喪生。在一九六六年，我已經離開了越南，當我接到這些殺戮的消息時，深感痛苦。我不知道我們的社工，是否能夠在心裡與這些殺人者和解。所以我寫了這首勸慰的詩。

答應我，
今天就答應我，
現在就答應我，

在豔陽高照、日正當中之時，
答應我：
即使他們，以山一樣的仇恨及暴力將你打倒，
即使他們，將你像蟲蟻般地踩踏壓扁，
即使他們，將你全身肢解、開膛剖腹，
記住，兄弟們，
記住：
人並非我們的敵人。
唯一配得上你的，只有悲憫——所向無敵、無可限量、毫無條件的悲憫心。
瞋恨永遠不能讓你面對人們心裡的野獸。
有一天，當你以十足的勇氣、仁慈的眼光，
平靜自在地（即使沒有人看見），單獨面對這種殘暴時，
從你的笑容中，
將會開出一朵花。

而那些愛你的人，
將會看著你，
穿越千千萬萬的生死世界。

再次獨自一人，
我將繼續低頭前行，
知道愛已成爲永恆。
在這漫長崎嶇的道路上，
日月將持續照耀，指引我方向。②

在寫這首詩之前，我花了很長時間觀照。如果我們在臨終時沒有與殺害者和解的話，死亡就會極端痛苦。而當我們覺得與他們和解了，並且對他們有些悲憫心時，就會少受些痛苦。我的一位女學生一枝梅（Nhat Chi Mai）自焚了，以此來呼籲交戰雙方坐下來和談，並且終止戰爭。她在自焚前，朗誦了這首詩兩次，並且錄音下來。當我們觀照依他起性，看見傷害我們的人也是受害者時（受到他家庭、社會、環境的傷害），智慧自然會生起。有了智慧，就會有同理心與和解。智慧總是帶來愛。當我們有慈愛和悲憫時，就沒有憤怒，也沒有痛苦。我們的恐懼、焦慮、憂傷、絕望及無望，是造成我們痛苦的原因。能夠看見一切事物的依他起性，爲我們帶來悲憫心，讓我們免於痛苦，即使在他人背叛或傷害我們時也一樣。當他人即使犯錯，我們也能夠愛他們時，我們就已經是菩薩了。

即使最微細的行爲，也能使我們內在的悲憫心增長。如果在行禪時，看見自己幾乎要踏到一條小蟲，便停步而避開時，我們就知道自己內在已有了悲憫心了。如果我們練習觀照，以覺醒的方式過日常生活，我們的悲憫心將會日漸增長。《法華經》有一句話：「慈眼視眾生。」當我們以慈愛之眼來看樹木、岩石、雲朵、天空、人類及動物時，我們就知道理解已經存在了。智慧是觀照的成果，以覺知之光照亮事物的成果。智慧、慈愛、悲憫，是一體的。

透過觀照的練習，我們能看見一切事物的依他起性，並將虛妄無明轉變成光明。妄心的所緣是輪迴，眞心的所緣是涅槃。當我們能夠藉由依他起性的修行，練習看見一切事物相即的本質，

②一行禪師，〈忠告〉，《以真名喚我》（"Recommendation," in *Call Me by My True Names*, p. 18）。

而轉妄心爲眞心時，我們就到達眞如的領域，也就是性境了。當我們知道如何堅定自由地行走時，腳下的土地就是天堂。如果帶著憂傷、恐懼、憤怒行走，我們就走在地獄裡。這完全取決於我們行走的方式，存在的方式。

當你深觀生與滅時，你會看見無生與無滅的本質。那就像是水與波浪。我們以爲波浪開始於某一刻，停息於另一刻，所以便被生死的恐懼困住了。生與死、波與水，都只是表象，只是觀念而已。我們還有其他觀念，像是比較高與比較低，或比較漂亮與比較不漂亮。因爲這些觀念，我們便受苦。這就是輪迴。

當我們觸及依他起性、圓成實性時，就從一切觀念解脫了，包括來與去、有與無、生與死的觀念。當我們能夠觸及涅槃時，就體證了無畏。觸及究竟的層面——涅槃——是最大的解脫；別以爲它太困難，藉由練習觀照，這是可能的。我們都有機會觸及涅槃，看見事物的整體，不被窄小視野所困。

假設昨天有人說了些話，深深地傷害了你，而且他沒給你機會回應就離開了。你非常憤怒，覺得失去尊嚴，因爲根本沒機會回應；整個下午你都深受其苦。但是今天早上在刷牙時，你突然忍不住大笑。使你如此痛苦的這整件事，似乎突然變得微不足道了。離這件事不過一夜，你就已經感覺到這種解脫，因爲你傾向以更大更整體的觀點來看這件事。如果我們知道如何全面整體地觀看，如何視時間與空間爲一個整體，我們就不會受苦了。

當你所愛的人說了傷害你的話時，試著這麼練習——閉上眼睛，正念呼吸，觀想你們兩個人在一百年之後。三次呼吸之後，當你睜開眼睛時，就不再感覺受傷了；相反地，你會想要擁抱她。這些是觸及涅槃的一些例子。我們學習觸及整體，而不被微小情境所困。遍計所執性帶來輪迴的痛苦，涅槃的本質則開啓了智慧之門，顯露出眞如領域。這兩者之間的橋樑就是依他起性，洞見實相的緣起性。

輪迴與眞如並無不同，它們有相同的基礎。波浪不需要做什麼才變成水，它已經是水了。長久以來，涅槃就已經在內了；就像水一樣，你並不需要尋找涅槃。當你能夠以相即相入之眼來看時，就接觸到內在的涅槃了。

# 42 鮮花與垃圾

花謝成肥料，
料反養香花，
兩者實不異，
迷悟亦如是。

即使正當盛開，花朵已在堆肥裡，
而堆肥也已在花朵裡了。
鮮花與堆肥並非是二，
無明與覺悟相即。

第四十二頌有助於將「相即」的教導，落實於我們的日常生活中。「花朵」與「垃圾」是影像，用來描述無明與覺醒相即的本質。我們通常認爲，覺醒與無明毫無關係。我們將覺醒放在籬笆的一邊，而無明則放在另一邊，否則無明恐怕會汙染了覺醒。但眞實上，它們是不能這樣分開的。如果沒有無明和困惑，就不可能有覺醒。無明是培養覺醒的基礎。如果你說：「我想要終結生死循環，我只要解脫。」這顯示出你還不了解緣起的本質。

如果你試圖拋棄「此」以找尋「彼」，你將永遠找不到你所追尋的。「彼」只能在「此」之內找到。佛陀教導我們，不要逃離任何事物去追尋其他事物。事實上，佛教的修行是無求的，無願的。如果我們內心純淨、冷靜、清明，那麼我們就已經在淨土了。煩惱即菩提；涅槃只能在生死世界裡找到。煩惱的根源，諸如貪、瞋、癡、慢、疑、見等不善心所，導致我們受苦。當我們想要覺醒時，就要看住我們的心所，以便轉化它們。

如果我們即將渴死，而有人拿來一杯泥水，我們知道必須想辦法過濾它好讓自己存活下來。我們不能把那杯水倒掉，即使它不乾淨，但卻是我們得救的唯一希望。同樣地，我們必須接受我們所有的煩惱、我們的心所、世界上所有的困難、我們的身體、我們的心，好轉化它們。如果拒絕它們，試圖逃避，我們將永遠不能成功。對於痛恨的事物，我們無法逃脫，只能將它們轉化爲我們的所愛。

覺知「相即」實相的園丁，不會把垃圾丟掉。看著一堆垃圾時，她已經在其中看見黃瓜、生菜及花朵；她會把它做成花園的堆肥。花朵的依他起性，意味著花是由非花的因素——如垃圾——所成。如果我們把「垃圾」這個因素去除，花朵就不能存在了。花朵正在變成垃圾當中，而垃圾也正在變成花朵當中。當我們掌握我們的煩惱，把它們當作肥料時，喜悅、安詳、解脫、快樂的花朵就會生長。我們必須接受當下的一切，包括痛苦及無明；接受我們的痛苦及無明，就已經爲我們帶來些許安詳及喜悅了。這是修行的開端。

接受當下的一切，我們才能有深刻的觀點及轉化處境的能力。如果總是把未來的處境或結果，當作修行目標，我們將永遠學不會接受當下的時空，事實上它們就是我們修行的正緣。花朵和垃圾二者於當下——此時此地——都存在。覺悟的條件也存在此時此地，就在當下。逃離無明，是找不到覺悟的。深觀無明的本質，你就能觸及覺悟。

在我們的藏識裡，有一粒叫作「正念」的殊勝種子，是覺知當下的能力。那粒種子也許很弱小，因爲我們很少爲它澆水。一般而言，我們很少正念分明地過日子。我們不正念地吃，也不正念地走，不正念地看待他人，不正念地說話。我們生活在失念中。不過，我們一直都有機會正念分明地生活。當我們喝水時，能夠覺知我們正在喝水；走路時，能夠覺知我們正在走路。每一刻我們都可以有正念。

雖然正念的種子可能弱小，如果我們練習正念做事，它就能快速成長。爲了要成長，正念需要營養。我們內在都有正念、慈愛、智慧、喜悅的種子，如果我們能學習轉化瞋恨、分別、絕望、憤怒等垃圾，這些種子就能變成美麗的花朵。藉由觀照痛苦的本質，轉化內在痛苦的能量，我們就能幫助快樂及安詳的能量顯現。

# 43 相即

無須逃生死，
觀照需念力，
看透依他性，
即證入相即。

別逃離生死，
只要觀照你的心所。
照見依他起的眞正本質時，
就體證了相即的眞理。

在生死的核心裡，就是無生與無死。只要我們逃離生死，就永遠到不了無生無死的領域。當我們停止逃離並深觀心所，深觀自我與他人、生與死、無明與覺醒的觀念時，就能看見它們「相即」的本質。

然而，我們需要正念的力量才能觀照。正念就像是產生電力的發電機，能夠帶來燈光、煮飯所需的熱能，以及許多其他益處。我們必須修行，讓修行能夠在日常生活中產生念力。當我們正念生活，深觀我們內在及周遭，就能體悟緣起的本質，一切事物「相入」的本性。

如果我們善巧，就能以洞見緣起、無常、無我，而觸及涅槃。我們就在當下此時此地看見涅槃，在桌子、椅子、房子、山岳、雲朵，以及身體的每個細胞裡看見。有些基督教的神學家說，天國就在我們的心裡，任何時候都能觸及天國。涅槃也一樣。當我們被恆常及自我的觀念所困時，就不能觸及涅槃。一旦觸及涅槃，那一刻我們就從生死中解脫了。

佛陀教導五力。第一個是信力。對於觸及涅槃、覺悟眞如的可能性，我們必須要有信心。那不是盲信，而是基於我們的理解、智慧及體驗而來的信心。信心帶來精進，那是第二種力量。缺乏信念和信心，我們就很容易疲累。要有深觀事物的力量，必須對於我們覺醒的能力有信心，對於佛陀覺醒的智慧有信心。我們將能量轉化爲正念，正念是第三種力量。有正念之處，就有定，那是第四種力量。

當我們正念生活時，每一件事都發生在觀照的定力之下。我們可以在自己內在及周遭，看見事物的緣起本質。當我們的定力微弱時，或許可以短暫地看見事物的緣起性，但很快又落入將事物視爲恆常及具有獨立自我的窠臼裡。但若具有強大而穩定的定力時，我們可以持續地看見內在及周遭事物相即的本質。當我們的定力強時，就導向第五種力量——智慧。具有智慧，我們就不會浪費時間夢想未來或緬懷過去。我們覺醒於自己的眞心，就能踏著正念步伐進入眞如領域，或說天國、佛土。而智慧，轉過來強化我們的信心。這五力是彼此互相幫助的。

培養念力，對於修行而言是必要的。我們必須正念分明地過人生的每一刻。我們以正念來看、聽、接觸；煮飯時，正念分明地煮飯，覺知我們的呼吸以及正在做的事。無論我們正在做什麼，都享受我們的呼吸，這樣就能產生正念的力量，幫助我們深深接觸生命。禪修幫助我們獲得智慧，驅散誤解及無明，帶來慈愛、接納、喜悅。我們不須逃離生死，不須逃離我們的垃圾。我們可以學習處理痛苦的藝術，將它們轉變成安詳、喜悅、慈愛。如果有痛苦、恐懼或絕望，就採取無畏的態度；學習將垃圾轉爲花朵的方法，將痛苦的垃圾轉變成幸福、堅定、自由的花朵。

深觀一朵花，我們能看見花朵的相即。深觀垃圾，我們看見垃圾的相即。觀照並非推測。我們必須練習，必須專注。我們必須活在當下，好深入地接觸花朵，眞正體驗它相即的本質。當我們正念生活時，事事物物都顯露相即的本質。深觀一片葉子，在其中我們觸及陽光、河流、海洋，以及我們的心。這是眞正的修行。

無常及無我的教導並非教條，也不是哲學討論的主題。它們是禪修的工具，幫助我們開啓實相之門的鑰匙。當有人提供我們做木工所需的槌子時，我們不該將它放在祭壇上膜拜，而是必須學習如何使用它。不要把無常與無我變成教條；練習觀照，在現實中觸及緣起的本質，相即的本質。

# 44 正見

靠覺知呼吸，
灌溉菩提種，
正見如蓮花，
綻放意識中。

練習有意識地呼吸，
以灌溉覺醒的種子。
正見是
綻放在意識園地的一朵花。

我們每個人內在都有覺醒的種子，這個偈頌提供了完整的修行方法，好灌溉覺醒的種子。在我們的藏識裡，有無明與虛妄的種子，但也有智慧與悲憫的種子。

我們相信的是，埋在我們藏識中的那粒覺醒的種子。這不是盲信；它是可以直接體驗的。覺醒的意思是正念；正念是培育菩提種子，亦即覺醒種子的水。如果我們在日常生活裡修行正念深觀事物，總有一天「正見」會像花朵一般，在我們的意識裡綻放，不僅是偶爾，而是恆常地綻放。

正見是八正道的第一個修持；八正道也包括了正思惟、正語、正業、正命、正精進、正念及正定①。正見是意識的清明之見，而意識是負責灌溉的園丁。當我們在飲食、行走或煮飯時，意識的清明之見用正念之水灌溉菩提種子，覺醒的種子。正念是培養菩提種子的水；它接受的正念愈多，就長得愈大；它長得愈大，我們對於修行的信心就愈強。持續地修行正念，嫩芽會成長爲一棵美麗的菩提樹。哪裡有菩提樹，哪裡就有佛陀；而覺醒的種子會生出愛的種子。只有正念能趨向智慧的突破，在突破之前則是困惑與黑暗。

要記得，意識是幫藏識裡的種子澆水的園丁。園丁必須對土壤有信心，並且勤於澆水。我們要做的工作只有在藏識的土壤裡種下菩提種子，然後以正念灌溉它。自然而然地，覺醒的種子會在意識裡開花。不需要其他努力；我們唯一的工作是修行正念，藏識會做所有其他的事。有一天，當你醒來或聽見某人說些什麼時，會出現突破，覺醒。你會突然了解那些原本渾沌不明的事。當禪師給你一個公案時，把它種在藏識裡，別把它放在意識裡，用理智去思考它。把你的公

①關於「八正道」的深入討論，見一行禪師，《佛陀之心》（*The Heart of the Buddha's Teaching*，橡實文化）第九～十六章。

案託付給藏識之土，而土壤會爲你照顧它。

我們可能連續二十年讀誦一部經，卻一點意思都不懂；然後有一天，讀到某一句時，我們忽然就「看見」（明白）了。那是覺醒的智慧，綻放在意識的花朵。如果我們在誦經時，覺知我們正在誦經，那麼就有可能覺醒。有多少次，我們誦經卻一點都不明白它的意思？如果你正在誦經，也知道你正在誦經，那就有正念。當你喝一杯水，並且知道你正在喝一杯水，那就有正念。如果你持續在日常生活中培養這種正念，它會成長爲一棵高大、美麗的菩提樹，庇蔭著你；而總有一天，智慧與洞見將會出現。

智慧並非我們從別人那裡接受的東西，即使是老師也不能。老師最多只能幫助我們，接觸到深埋在藏識裡的智慧種子。只要那顆種子受到灌溉，智慧將如花朵般綻放在意識裡。智慧是正見，修行的成果。我們從微小正見開始，只要持續修行，正見會增長，而八正道的其他七方面也會增長。隨著正見的增長，我們的修行也進步了；而隨著修行的進步，正見也增長了。

我們大部分的人開始修行時，都帶著頗爲理論性的「無常」與「無我」的見解。但以正念觀察及生活，我們將會發現無常與無我的精髓，相即的眞正本質，而正見將會變得眞實且深刻。正見的種子就是智慧的種子。如果知道如何修行正念呼吸及正念觀察，我們就灌溉了藏識裡的覺悟種子，總有一天它會萌芽，並像花朵般綻放在意識園地裡。

觀呼吸是正念修行的基礎。我們知道吸進的氣息是入息，呼出的氣息是出息。「吸氣，我知道我正在吸氣。呼氣，我知道我正在呼氣。」兩千六百年來，世世代代的佛教修行者，曾使用過這個方法。在我們開始修行有意識地呼吸之前，我們的身體在此，心卻在其他地方。我們一開始正念呼吸時，就把身與心合在一起了。接觸到當下的生命實相，突然間便成爲可能。

人生充滿了痛苦，但也包含了許多奇妙。如果你想觸及生命的奇妙，就回到當下。練習觀呼吸，你將發現當下此時此地的你。如果你不在當下，生命怎麼可能是眞實的？如果你分心散亂，眞實人生就不可能。你眞正活在當下讓生命成爲可能，而那是買不到的，只能用修行來獲得——正念行走、正念呼吸、正念打坐的修行[②]。正念的修行就是，活在當下的修行。

我們活在當下的能力，對於我們的日常生活，以及與其他人的關係，有極大的影響。我們能

②關於行禪，見一行禪師，《步步幸福：快樂行禪指引》（*The Long Road Turns to Joy: A Guide to Walking Meditation*，知出版社）。關於坐禪，見一行禪師（*Breathe! You Are Alive: Sutra on the Full Awareness of Breathing*, Revised Edition, Berkeley, CA: Parallax Press, 1996）。

夠給予所愛之人的最佳禮物，就是眞正活在當下。爲了與你所愛的人同在，請練習行禪、打坐、正念呼吸。當她受苦時，練習有意識地呼吸並對她說：「親愛的，我知道你在受苦。因此我在這裡陪你。」如果你正受苦，你就必須練習觀呼吸並說：「親愛的，我正在受苦。請幫助我。」當你愛某人時，也一定會有信任。如果你受苦，你應該能找到所愛的人，並且告訴他們，你正在受苦，需要他們幫忙。在眞愛裡，沒有驕傲或傲慢。去找他並且告訴他，你正在受苦，需要他幫忙。如果你不能，那你們的關係有問題。這個練習是很重要的。沒有眞正活在當下，你們怎麼彼此相愛或互相關懷？你要產生正念之力，好能夠眞正地活在當下。

# 45 正念

正念一燃起，
可轉諸心行，
如日光遍照，
草木皆欣榮。

當陽光照耀時，
幫助所有植物生長。
當正念照耀時，
轉化了所有的心所。

由於有太陽，植物得以生長。植物生長還需要雨水及土壤等其他條件，但是太陽是讓生物成長的主要能量來源。我們無論吃什麼，無論素食與否，吃的都是太陽的能量。陽光蘊育了我們每個人。

就像陽光供給能量，神奇地將種子轉變成植物，又養育了我們一樣，正念也是能量，能夠轉變所有其他的心所（心行 chitta-samskara）。正念本身是善心所之一，屬於五別境心所，其他四個則是欲、勝解、定、慧。依據相即，每一個心所都包含了其他心所。當正念生起時，可以轉變其他心所，就像太陽能夠轉變植物一樣；事實上，太陽轉變了地球的面貌。正念就像太陽，它只要發出光芒就可以了。而就像植物有向光性，能夠接收陽光一樣，心所也能夠接收正念之光。

修行並不是要擺脫我們的煩惱，我們的不善心所。我們愈想要壓制它們，它們就愈增長。我們必須接受它們，以正念之光接觸它們。這個接觸就能帶來它們的轉變。修行的秘密就是，以正念之光照耀我們的意識園地，好讓心所（例如憤怒）出現在這個園地時，能夠遇見正念的能量。當憤怒生起時，不要壓制它；相反地，用正念來擁抱它。我們要說：「吸氣，我知道我正在生氣。」現在有兩件事：憤怒以及正念。如果能夠培養正念，一段時間過後，我們的憤怒就能夠被認出、被擁抱，並視我們正念的強度而有或多或少的轉變。沒有正念，我們就會迷路，在痛苦的波浪中隨波逐流。當具有正念時，我們就知道要走往哪個方向，好轉化自己。

佛陀教導他的弟子，每天都要持誦「五念」：

1. 我有衰老的本質，沒有辦法逃避衰老。
2. 我有生病的本質，沒有辦法逃避生病。

**3.** 我有死亡的本質，沒有辦法逃避死亡。
**4.** 我鍾愛的一切人與事都有改變的本質，沒有辦法逃避與它們分離。
**5.** 我的行爲（業）是我唯一眞正擁有的，沒有辦法逃避我行爲的後果（業果）；我的行爲就是我的立足之地。

重要的是，要依據「唯表學派」的教法來了解這些教導。如果我們只是把「五念」當作未來的不祥警告，它們就只會造成更多痛苦。我們的修行是微笑對待它們，觀照並發出正念之光，好轉變我們對於老、病、死、愛別離的恐懼，並且看見自己行爲的本質。「五念」的頭四個是針對我們的恐懼，總是深藏在心識裡的恐懼。無論我們如何試圖壓抑或忘記它們，它們仍然在那裡。不要壓抑它們，而是邀請它們來到意識層面，並且微笑以對，因爲我們知道這些恐懼影響了我們意識的活動。

當我們每天這樣練習觀修時，就是邀請這些恐懼種子浮現出來。當它們浮現時，我們就以正念來面對。如果恐懼種子浮現，而我們沒有正念時，就不能控制狀況，就會受苦。因此，我們要以正念來觀修恐懼種子。當我們以正念之光照亮它們時，恐懼會減少，而總有一天，它們會完全轉化。

「五念」的修行幫助我們直接面對恐懼，不把它們當作敵人。它們就是我們。我們的快樂、恐懼、愛、憤怒，都是我們。我們以同樣方式，以「不二」的精神對待所有的心所。我們不把自己變成戰場，讓一方與另一方作戰。有些傳承的教導是這樣——對的必須戰勝錯的。在佛教裡，我們視雙方爲我們自己，嘗試接納並照顧我們的每一部分，認出它們「依他起」的本質。我們的痛苦、我們的不善心所，都必須先被接納，才能被轉化。我們愈是與它們戰鬥，它們就會變得愈強。我們愈壓抑它們，它們就變得愈顯著。

我們如何轉化根深柢固的痛苦種子呢？有三種方式。第一種是，就讓它們靜靜躺在我們的藏識裡，同時播下新的種子，並滋長我們現有的安詳、喜悅、快樂種子。我們的意識會種下這些喜悅安詳的種子，並與痛苦種子互動及轉化它們。這是間接地轉化。

第二種方式是持續修行正念，這讓我們在痛苦種子浮現時可以認出它們來。每一次，當痛苦種子在意識層面顯現爲心所時，我們就用正念之光爲它們沐浴。當它們接觸到正念時，就會減弱。沒有正念，我們甚至認不出這些痛苦種子。具有正念，我們就能夠認出它們，並且毫不畏懼。

如果一隻鳥曾經被箭射中，那麼牠每次看見弓就會害怕；牠甚至不棲息在弓形的樹枝上。如果我們小時候曾經受到傷害，在那時候接受的痛苦種子至今仍然存在。我們現在對待人生的方式，就是基於這些痛苦的種子。每一天，過去的種子都在意識顯現，但是因爲我們沒有用正念之光爲它們沐浴，我們並未覺知它們。如果具有正念，每當那些種子發芽時，我們就能認出它們來。「喔，是你，我認得你。」光是這個認出，就能讓它們失去一些對我們的掌控力。我們的痛苦種子是一個能量場，而正念也是一個能量場。當這兩個場域碰上時，痛苦的種子就被轉化了。讓它們與正念接觸，就能轉化它們。

第三種處理我們自小就有的內在煩惱的方式是，刻意邀請它們浮現到意識層面來。當我們的正念夠強且穩定時，就不需要等待痛苦種子不請自來地生起。我們知道它們正躺在藏識的地下室裡，當意識層面並未被其他事物占據，而且可以用正念之光照耀它們時，我們就邀請它們浮現到意識層面來。我們邀請過去難以面對的憂傷、絕望、懊悔及渴望到來，就像朋友一樣坐下來與它們談話。但是在我們邀請它們出現之前，必須先確定，我們的正念之光是明亮的，而且這個亮光既強且穩定。

如果修行這三種方式來處裡我們的痛苦種子，我們就會安定。但是如果有人正深受痛苦，並且不知道如何修行正念，那麼他不該一開始就練習第三種方式——邀請痛苦種子浮現到意識層面的方式。他應該先練習培養並生起快樂種子。當他在第一種方式有了進展，並且產生了較強的正念能量時，他可以嘗試第二種方式，當痛苦生起時，接納並認出它們來。他愈是能認出痛苦種子，它們就愈減弱。最後，當他覺得夠強大時，就可以用第三種方式，邀請痛苦種子浮現到意識層面，在意識層面用正念接觸並轉化它們。

處理痛苦就像是處理一條毒蛇一樣。我們必須對蛇有所了解，而且自己也要夠強壯穩定，才能處理牠而不傷害到自己。在這個歷程的終點，我們將準備好可以面對毒蛇了。如果永遠不面對牠，有一天牠會出乎意料地出現，而我們會被咬死。我們在心識深層所帶有的痛苦是類似的。當它長大並面對我們時，如果我們沒有修行，沒有強大穩定的正念，就會束手無策。我們應該只有在準備妥當時，才邀請痛苦浮現。那時候，我們就可以在它浮現時，安全無虞地處理它。要轉化我們的痛苦，並不是要與它們掙扎奮戰或試圖擺脫它們，只要用正念之光沐浴它們就好。

透過這些「唯表學派」的教導，我們能看見不二、相即、非暴力的眞理；不只在修行的學習上看見，也在日常活動裡看見。以正念的能量，我們不但能夠處理內在的花朵，也能處理垃圾。我們不再畏懼垃圾了。菩薩知道如何將他的垃圾轉變回花朵，而愚人則試圖逃避它。如果我們企圖將垃圾丟棄，那又能用什麼來培養花朵呢？

有時候，我們可以在人們和事物中，看見相即的本質。但其他時候，我們就忘記，又跌回妄執分別的世界裡去。因此，持續修行是很重要的，如此才能讓覺悟的花朵，恆常綻放在意識園地裡。就像陽光照耀植物讓它生長一樣，只要正念之光點亮了，就能轉化所有其他的心所。每一個心所對正念的能量都很敏感。當它是個善心所時，正念會幫助它增長茂盛；當它是負面心所時，正念的能量能夠把它轉成正面的。正念是我們修行的核心所在。

# 46 在根本處轉化

覺知可轉化，
內結與隨眠，
習氣消散時，
轉依果即現。

我們要認出內在結使及隨眠習性，
以轉化它們。
當我們的習氣消散時，
在根本處的轉化就出現了。

當我們的正念穩固時，就能清楚看見內心所展露的一切。我們既不執取，也不推開它們，只是認出它們來。當我們憤怒時，正念認出憤怒。當我們忌妒時，正念認出忌妒。當我們承認內在出現的憤怒或憂傷時，並不批判它們不好。我們只是用正念覺察身心所發生的每一件事，以不讚賞、不譴責、不判斷的心態迎接生起的任何事。這叫作「純然覺知」。純然覺知並不選擇立場。覺知的對象並非我們的敵人，它只不過是我們自己，不是別的。我們承認它，就像是承認自己的小孩一樣。

在《念住經》四念住的開示裡，佛陀教導我們四個修行的領域——身念住、受念住、心念住、法念住（心的對象）①。心在此指的是全部的五十一個心所。八識可以比喻為八條河，而五十一心所則是河裡的水滴。雖然心與心的對象被認為是兩個不同領域，但事實上，它們是一體的。心是感知的主體，而法是感知的對象。但是主體與對象，是絕不能分開的，它們合成完整的一。心的對象並不獨立於心之外生起。心的對象，包括身體、感受及其他一切心所，都是心的產物。

正念的四個領域，身、受、心、法，是相即的。每一個領域都包含其他三個。依據此經所教導的修行，我們在這四個領域中的每一個裡，認出每一個生起的現象。我們主要的任務是覺知。這就像是守門人的任務，他送迎每一位進出的人。我們是六個感官感知的守門人。如果沒有守門人，房子就沒有守護，可能被侵入。我們點亮正念的燈，好看見並覺知正在發生的事；這樣，房子就安全了。

①見一行禪師，《生命的轉化與療救》（*Transformation & Healing: Sutra on the Four Foundations of Mindfulness*，宗教文化出版社，簡體書）。

眼睛是一個深邃的海洋，
海上有種種漩渦及暴風，
海面下有各種陰暗魅影，
海底深處有種種海怪。
我的船在正念中航行，
我發願牢牢地掌穩舵，
以免溺斃於形色之海。
我爲了保護自己和你，
用觀息，護衛著我的眼睛。
好讓今天持續是個美好日子，
而明天，我們將仍擁有彼此。②

我們的六根，眼睛、耳朵、鼻子、舌頭、身體及心，都是充滿危險的深邃海洋。我們可能沉溺於感官門戶所帶進的，無數五花八門的形色、聲音、氣味、滋味、觸感及念頭裡。沒有點亮正念之燈以守護六根的修行人，並不眞的能修行。

正念的第一個領域是我們的身體（身念住），我們要覺知呼吸、站立、行走、坐下、躺臥。如果我們在做這些事時沒有覺知，那就不是在修行。第二個修行領域是我們的感受。只要我們一有了憂傷、喜悅、憤怒、恐懼、瞋恨或絕望的感受時，我們就認出那個感受。如果沒認出來，這些感受就會影響我們及我們的行爲，而我們卻對此不知不覺。由於某個未被認出的憤怒感受，我們可能對所愛的人說出嚴酷的話，而自己卻不知道。

有位哲學家問佛陀，他的出家弟子整天都在做什麼。佛陀回答道，他們行走、站立、坐下、躺臥、飲食、洗缽、掃地。哲學家又問，那他們和一般世人又有什麼不同呢？佛陀回答，不同之處在於，他的出家人以正念做這些事，守護他們的六根。無論我們做什麼，都可以有正念。我們可以認出在身體、感受、心、心的對象（身、受、心、法）裡的一切現象。我們不該認爲自己太忙了，沒法修行。當我們以正念來工作時，那就已經是修行了。只有在我們做事而無正念時，才

②一行禪師，〈守護六根〉（"Guarding the Six Senses," in *A Basket of Plums: Songs for the Practice of Mindfulness*, 2005 Edition, compiled by Joseph Emet, distributed by Parallax Press, No. 23）。

會有問題。

假設我們正觀賞一棵樹，我們感覺愉快，享受著樹的清新綠意。如果我們在觀賞樹時能加強內在的正念力量，愉快感會增加，而樹甚至會變得更明亮清楚。在新英格蘭，森林裡的秋葉非常美麗，人們專程前往觀賞，就像朝聖一樣。但是每個人所感知到的秋葉之美，以及喜悅程度都不相同，這取決於他們心的自由與安詳。如果某人的心安詳且正念強大，他對於秋葉的享受，要比另一位遭受痛苦，只看到生命憂傷的人，要強上千倍。每個人可能看著同樣的風景，但卻不能享有同樣的安詳及快樂；不同之處在於他們正念的能力。

一棵美麗的楓樹，屬於法（心的對象）的領域。我們所感到的喜悅，屬於心的領域。如果我們沒能認出樹的美麗，那就好像樹及它的美麗不存在一樣。我們的痛苦或快樂，是在感受的領域。正念是守護感官的守門人。當心識裡生起心所時，只要我們知道如何以正念來認出它們，我們就知道該走往哪個方向。我們甚至不是刻意尋找方向，具有正念這個事實，就會自動爲我們指出方向。我們會知道，正在發生的事是健康的或有害的，有沒有益處，以及我們是該跟隨它或避開它。

我們每個人內在，都有結使及潛在習氣（隨眠煩惱）。結使（samyojana），是我們心識裡鬱結成塊的憂傷與痛苦，它們的本質是不善的。當我們說或看見一些讓我們憤怒或憂傷的事時，就會開始創造內在結縛。**samyojana** 的中文是結使。「結」的意思是煩惱纏縛眾生，「使」是指煩惱驅役而惱亂眾生。藏識裡的內在結縛，讓我們不自覺地做出一些事。如果我們不守護六根，是沒有辦法避免形成內在結縛的。如果我們在眼睛接觸形色時，沒有守護眼根，遲早就會有個內在結縛，我們會變得憤怒、憂傷或執著。

上癮就是個結使。我們並非一開始就對毒品、酒精或不良關係上癮。結縛是漸漸綁上的。如果結使在形成時大聲嚷嚷，我們就會立刻知道它們的存在。但是我們無法辨別，對毒品或酒精上癮的時間點。我們並不知道究竟何時，我們迷戀上那個對我們不好的人。結使的形成歷程，是暗地裡偷偷發生的。然而，如果我們守護著六根，只要一有執著的感覺，就會馬上覺知。在拿著一杯酒或一根菸，或對著一位我們不該親近的人時，我們知道自己有一種執著的甜蜜感。我們知道這種愉悅感，會把我們拖向哪裡去。如果具有正念（當某事發生時認出某事正在發生），執著的結使就無法在我們未及注意時形成。

結使可以在我們的識田裡潛藏許久，但最後終將生起，並驅使我們做出什麼事來。即使我們並不想發洩怒氣，並不喜歡臉紅氣粗，拍桌大吼，但是憤怒的結使比我們更強而有力。當我們被結使四處差遣驅使時，我們是慘敗的輸家。要避免如此的辦法是，在結使一生起時就認出它們。假設我剛剛遇見某人，而且立刻對那人生起一股憤恨之感，如果我對這股憤恨之感沒有正念，我就無法認出它是個結使，而會持續被這種憤恨感拖著走。但是如果我具有正念，只要不愉快感一顯現，我就立刻認出它來：「看著那個人時，我有種不愉快感。」

當我們養成覺知自己身心狀況的習慣時，就接下去深觀。我們不會忘記那種感覺，即使它已經消散了；我們會繼續觀察自己，深觀這些狀況。我們可能會發現，那個人長得像某位過去錯怪我們的人，因此我們對那個人有種錯綜複雜的情結，即使他本人並未說或做任何傷害我們的事。我們內在的結縛，驅使我們這樣感覺。我們深觀後，就會對於情況有些了解，而就是這份了解，能導向解脫。我們從結使的影響解脫了，自由了。然後，我們就可以毫無問題地與那個人談話了。

隨眠的習氣（anushaya），是內在已被部分轉化的結縛，因此我們以爲它們已經不存在了。這就像是我們把樹砍掉，卻留下樹根一樣。樹看起來是不見了，但是它仍然潛藏於埋在地下的樹根裡。我們無法把自己與隨眠習性區分開來；它們如影隨形。當我們修行「無我」與「相入」時，可能以爲自己已經將「我」的觀念的束縛根除了。但是那些根在我們出生之前就已經存在，還要盡許多努力才能轉化它們。我們必須要小心，認出執著於自我的隨眠習性，當它以這種或那種形式生起時。

習氣是結使的基礎。這就像是把花瓣加在茶裡，好添加滋味一樣。如果我們身處好的環境，就得到好環境的「香」味。如果我們身處不良環境，就得到不良環境的「香」味。身體、語言或心的行爲，可以是習氣的結果。有些習氣，是幾千年所形成的。我們的遺產不只是我們過去所做的，還有現在正在做的。我們所說的每個字，所做的每個行爲，都決定了我們的樣子。我們知道，如果想要到快樂光明的地方，就必須培養好習慣。最好的習慣就是修行正念。如果我們與修行正念的僧團同住，就能得到正念的香味。

習氣有兩種。第一種是「業習氣」（karma-vasan），字面上的意思是「行爲薰習」，由行爲所形成的習慣。如果我們練習行禪三個禮拜，它就會變成一種習慣。然後，當我們到達機場而必須候機時，就能利用行禪的習氣了。習氣是我們唯一的眞正財產，在死後能持續擁有的唯一遺產。所有其他的——我們所愛的人、房子、畢業證書，都必須遺留身後。我們能帶走的，就只有我們的業習氣，而且也不能選擇只帶走喜歡的部分，必須全部帶走。「五念」的第五念提醒我們這一點：「我的行爲（業）是我唯一眞正擁有的，沒有辦法逃避我行爲的後果；我的行爲就是我的立足之地。」

第二種習慣力量是「二取習氣」（graha-dvaya-vasana），執取二元對立的習慣力量。我們習慣以二元對立來感知事物，認爲對象存在於主體之外，有自我以及他人。當我們正念生活時，就看見世界只是我們的識，個別與集體、自我與他人、生與死、來與去、存在與非存在，都只是觀念而已。

當這兩種習氣轉化了，結使打開了，修行的成果就會展現。這就叫作「在根本處轉化」（轉依 ashraya paravritti）。「在根本處轉化」的意思是，在藏識深處轉化，因爲它是所有其他識的根本，究竟來說也是整個宇宙的根本。如果我們學習、推理、談論、接受無我的理論，我們可以在意識層面有小小的轉化。但是要轉化根本，我們就必須轉化無意識層面中的無明結縛。如果我們無法接觸到這些，就無法發生眞正的轉化。修行並非只是關於理智上的轉變而已。

當我們能夠接觸到我們的習氣，並且轉化藏識裡暴力、絕望、恐懼、憤怒的根本，「在根本處轉化」（轉依）就發生了。我們從認出結使及隨眠習氣開始，好轉化它們。我們必須訓練自己，用「無我」與「相即」的智慧來看。日日夜夜，我們都必須灌溉藏識裡的智慧種子，好讓它能成長，幫助我們在所見所接觸的任何事物裡，看見相即的本質。我們必須把這種智慧帶進日常生活裡。

# 47 當下

當下能攝收，
過去與未來，
轉依之秘訣，
掌握於當下。

當下，
包含了過去與未來。
轉化的秘密，
就在我們面對當下的方式中。

當下包含了過去與未來——這是《華嚴經》的教導。一即一切；時間包含空間。當我們接觸到當下時，就接觸到全部時間，包括過去與未來。由於時間也牽涉到空間，當下也包括此地以及所有其他地方。站在地球表面，安住於當下，我們腳下之地是無有界限的。站在巴黎，我們看見自己是站在整個歐洲之上。而如果我們堅定穩固地安住於當下，我們就看見自己也站在亞洲、美洲、非洲，以及整個地球之上。就在當下，我們可以接觸到整個世界，以及整個宇宙。

我們面對當下的方式，是轉化痛苦的關鍵；這是佛教的基本教導。西方心理學則採取不同的方式。心理分析是藉由打開過去之門，探觸曾經發生過的事來進行。根據這個方法，我們的痛苦是內在尚未解決的衝突習氣所造成的。這些結使（憤怒、瞋恨、恐懼、焦慮），從孩童時代就已經在我們心裡了。由於我們的意識心不能忍受這些衝突發生時的痛苦，就把它們深埋在無意識層面，而且我們的意識心，從此就試圖阻止這些難以忍受的焦慮進入它的疆界。所以這些痛苦的記憶就保留在無意識裡，總是想辦法要浮現到表面來。偶爾，它們會以這種或那種方式浮現，讓我們做、說或想些出乎自己意料的事，那些和當時的情境不相襯的事。無意識裡的缺乏安詳喜悅，導致這些不正常的外在表現。

佛洛伊德建議，當我們用意識之光照亮無意識的黑暗時，心理疾病就會減輕。他發展出來的辦法是，讓病人或坐或躺在一個舒服的沙發上，分析師坐在他看不見的旁邊。這是要讓病人不至於害羞或窘困，而可以說出任何心理出現的話。病人躺著、放鬆、手臂放在側邊，讓腦子自由想像。無論出現什麼影像，他都告訴分析師。偶爾，分析師會開口，鼓勵病人說話。分析師可能建議他，回想小時候的某個記憶。當病人談著他的童年時，某些細節會從無意識浮現，而病人自己認不出它的重要性。分析師注意到這些細節，可能會問些問題，進一步探討這些領域。

分析師可能要求病人描述他最近的夢。根據心理分析，夢是通往無意識的道路。他也可能要求病人敘述最近發生的事，一些痛苦或特別的事，挫敗或尷尬的事。在述說這些事時，病人偶爾會顯露從無意識冒出來的影像。受過良好訓練的分析師，能夠讀到埋藏在病人無意識心裡的這些影像。分析師與病人一起深入探究過去，碰觸到深埋在病人識田裡的這些想法和影像，這些想法與影像造成病人現在的痛苦。這個歷程的基本必要前提是，病人要放鬆，不刻意想任何事。他要讓自己非常自然，心裡出現什麼時就告訴分析師，因爲他相信分析師能夠幫助他。

這聽起來似乎很容易，其實不然。我們通常沒勇氣說出心裡出現的想法和影像。當我們說話時，通常會自己編輯修改，但是這無助於我們看見眞相。就心理分析的方法來說，只有當我們對分析師有信心時，才會覺得放鬆、自然，並開始告訴他整個眞相。我們說得愈多，分析師就有更多素材可以幫助我們，看見並探觸我們的無意識心。

佛洛伊德被認爲是第一位發現「無意識」的西方心理學家。他的發現對於西方文學、哲學、心理學，有相當大的影響。佛洛伊德注意到，有些人受著耳聾、喑啞、盲目、癱瘓的苦，但在生理上卻毫無視力、聽力或運動神經系統的問題。然後他嘗試催眠法，發現病人可以說出非催眠時不記得的事。佛洛伊德做出結論，身體的病徵是從心裡生起的，而非生理失調。這導致佛洛伊德「發現」無意識。

有時候，五、六歲的小孩會耳聾，因爲父母敵意的對話引起他難以忍受的痛苦。有時候人們會失明，好避免看見讓他們痛苦的事。由於曾被強迫用手去滿足他人的性欲，某人的手可能癱瘓。心理分析的目的是，揭露這些埋藏的過去，好解釋現在的痛苦。它強調的是，過去是開啓現在的關鍵。

西方心理學較晚期的一個分支「人本心理學」（Humanistic psychology）則說，我們不需要回到過去，我們需要多注意當下。榮格是人本心理學的一位領導人物，建議下面這五個原則：

1. 我們主要的重點應是當下，而非過去；
2. 當感覺痛苦時，我們應該注意那個感覺，而非尋找它過去的根源；
3. 我們應該運用意識的東西，而非無意識的東西；
4. 我們應該對於生起的任何感受，承擔直接的責任；
5. 如果我們注重於讓自己當下的人生安詳喜悅，自然而然地，我們的疾病就會減輕。

佛教心理學則涵括了這兩種方式。佛教視意識裡的全部資訊，都來自於無意識——藏識。當藏識裡的痛苦種子顯現於意識時，就創造了更多痛苦。這與佛洛伊德的觀念，「無意識是痛苦的關鍵」是類似的，但佛洛伊德強調檢視過去事件——那些已經種在藏識裡的痛苦種子，而佛教則強調當下，在它們顯現爲心所時轉化它們。

就像我們在第四十五頌學到的，對於從過去的痛苦所衍生的苦，佛教修行提供了三種對待方式。首先，我們在當下接觸那些健康的、清新的、美麗的事物；第二，在痛苦生起時，修習以正念認出它們；第三，當我們準備好時，就邀請痛苦感覺來到意識層面，在那裡可以用正念接觸它們，並轉化它們。這三種方式全部專注於當下，因爲過去與當下相即，當下已包含了過去。這是「相即」的眞相。藉由正念的力量，我們認出當下正發生的事，並且能夠發現它的根源。

當內在生起惱怒或絕望時，首先我們必須爲此承擔責任。對於自己的憤怒，我負有最大責任，但是我弟弟也有部分責任。是他說了一些話，灌溉了我藏識裡的憤怒種子。我的妹妹也一樣有些責任，因爲我的憤怒有集體的本質，而她是集體的一部分，即使她並未說或做任何灌溉憤怒種子的事。

一切現象都有個別與集體的本質。苦不只是個人的顯現，也是來自好幾世代與社會的集體顯現。因此，沒有任何人對於當下我內心發生的事，不負有共同責任。根據個人與不同的情況，責任或多或少。同樣地，對於發生在我周遭的事，我也負有共同責任。

對於發生於內心的事承擔起責任，是很有用的。我們對於自己的憤怒有百分之九十的責任，所以不要責怪別人，即使他們直接或間接地引起我們的憤怒。與其浪費時間尋找憤怒的原因，不如把精力用在照顧憤怒。當憤怒的感覺生起時，我們用正念的能量接納它；我們這麼做，是爲了所有的祖先及後代。

療癒的基本方法就是，正念分明於當下清新美麗的事物。這個簡單辦法還未廣爲人知、也不出名、還沒有很多人修行，其實應該要的。我們很容易把喜悅安詳視爲理所當然。當一切都順利暢快時，沒有人會說什麼。當有人露出美麗微笑時，不會出現在報紙上。但是當有人很憤怒而殺害他人時，那就是值得報導的新聞了。

採用第一種方式，我們並不是有意地治療自己，療癒是間接發生的。但也有直接的療癒方式。「唯表學派」教法說，在痛苦生起時，不但可以用正念認出它，讓它減輕，還可以邀請它到意識心來，好直接轉化它。因此，這些教法比人本心理學的方式更進一步。

我們痛苦及無明的根源，全部都可在當下於藏識（本識）中找到。所以，讓現在美麗清新，轉化當下，這就是智慧。不需要說：「我們今天得受苦，好讓明天安詳快樂。」或「這不是我眞正的家，要等我到了天堂才快樂。」我們想要照顧未來，但是未來只由一種素材所成：當下。照顧未來的最佳辦法就是，盡最大努力照顧好當下。迷失於過去或未來都沒有用。當我們迷失時，就不能照顧現在、過去或未來了。在根本處轉化的秘密就在於，以正念面對當下這一刻。如果我們知道如何處理當下，不僅將能深刻地活出人生的每一刻，也能轉化過去，創建未來。

安住於當下，並不會使我們不能去看過去或未來。奠基於現在，我們可以回顧過去或眺望將來，並且學到很多；但迷失於其中則是沒有用的。在根本處轉化的秘密就在於，如何面對當下這一刻。我們要在每一刻都修行正念；如果知道如何深入地觸及當下這一刻，我們就能觸及過去，甚至轉化過去。我過去可能犯了錯，讓某人痛苦；我內在仍有痛苦的傷疤，另一個人內在也有。以正念的力量，我能認出自己內在的創傷，我能對被我傷害的人說：「對不起，我絕不會再那麼做了。」無論顯現與否，我的父母、祖父母仍然在過去。如果我們此時此地讓自己眞正活在當下，就能看見他們正對我們微笑。

下決心重新開始，是一種很強的能量。它能立刻開始療癒我們的創傷，並且釋放我們及他人的痛苦。藉由提供這種教導及修行，我們可以幫助許多人從他們的罪惡感解脫出來。

《上座比丘經》是關於這個主題最古老的教導①。佛陀說過很多次，他的教法是要幫助人們在當下就有安詳喜悅，這不但保證他們當下的快樂，也保證未來的快樂。如果現在能夠喜悅，將來也就能夠喜悅。梵文有句話「現法樂住」（Drishta-dharma-sukha-viharin），爲此做了總結。drisht 的意思是，能夠在當下被看見、被碰觸、被體證的。dharma 的意思是法（現象）。sukha 的意思是快樂。viharin 的意思是住。「接觸當下，我們就安住於快樂。」在當下這一刻，總是有相當多的內外緣，足以讓我們快樂的。

這並不是否認，我們內在及周遭也有痛苦的因素。但是痛苦的因素，並不會移除快樂的因素。如果只接觸痛苦因素，我們就沒有眞正活著。有些人囚禁於他們的痛苦中，無論他們看哪裡，都只看到錯誤，看到傷害。他們可能在原則上知道花朵很美、夕陽很絢爛，但是並不能觸及它們。他們周遭有一堵牆，不讓他們接觸到花朵、夕陽、大自然的一切神奇，以及始終都能享有的當下。如果這些人能夠觸及他們內在及周遭健康美好的事物，他們的痛苦就會減輕。接觸我們的痛苦是不夠的，必須也接觸生命中健康美妙的事物。要能如此，我們需要僧伽，一群對我們微笑、與我們分享、了解我們、自在地與我們同行、幫忙把我們從黑暗世界中拉出來的朋友。

如果痛苦感覺生起了，就用正念的能量擁抱它。我們爲了所有的祖先及未來世代而這麼做。

痛苦不只是個人的顯現，它也來自多生多世及社會的集體顯現。我們不是唯一該負責的人。

①見一行禪師，《初戀三摩地》（*Our Appointment with Life: Discourse on Living Happily in the Present Moment*，橡樹林文化）。

# 48 僧伽

日日中修行，
時時可轉化，
皈依僧伽修，
功夫速見進。

轉化發生在
我們的日常生活裡。
要讓轉化容易運作，
就和僧伽一起修行。

這個偈頌是關於在日常生活中修行，以及與僧伽（修行的團體）一起修行。我們有時候以為，獨住及獨自修行似乎比較容易，像是住在高山上的茅棚裡，關起門來自修。事實上，獨自修行要困難得多。人類是社會性動物，我們的喜悅和希望都依賴於和他人同在一起。

我們的修行是簡單的：在日常生活裡保持正念。我們練習的禪修技巧是，停下並觀照；這麼做，是避免自己被拖向許多方向。修行有助於我們停止莽撞地終生四處奔走，好像魔王在後面追趕似的。我們太常被周遭人們的力量、情境，以及自己的想法、憤怒拖著走，而無力對抗這些力量。問問你自己：「我過去這幾年來，對我的人生做了什麼？」如果你沒有練習停下，這些年就像夢一樣消逝了。你可能從未停下片刻看看月亮，或拿起一朵花。沒有停下和觀照，我們就不能眞正活出人生。

讓我們能夠停下的力量，就是正念。我們可以利用生活中現成的事物——電話鈴響、紅燈停車的時間，來幫助我們記得要停下、呼吸、微笑，並回到當下。電話鈴聲是佛陀的聲音，呼喚我們回到眞正的自我，問道：「你要往哪裡去？你爲什麼不回家來？」我們就像逃家的小孩，聽到電話鈴響，我們就能夠回到此時此地。當下是充滿喜悅、安詳、自由及覺醒的。我們只需要停下，並接觸它。

停下的練習帶來定（samadhi），而定讓我們的正念更穩定。如果手電筒的電池是充滿的，燈光就會強而穩定，我們就能看清楚它照射的東西。但是電池如果微弱，我們就只能看見模糊、閃爍的影像。專注就是電池，手電筒的光就是正念。當我們停下，即使只是稍微讓心專注，我們就開始看見了。如果停下得久一點，內在的定力就變強，這時無論我們的正念之光照向何處，都能看得清楚。具有定力時，觀（vipashyana）就容易得多了。事實上，定與觀是不可分的。只要一有定，就已經有觀了。因爲要能夠觀，就必須先停下。當我們停下，觀一朵花時，我們能看見它的緣起性，在花朵中看見陽光、雨水、土壤。

我們可以在日常生活的活動裡，練習定與觀。甚至在行走時，我們也能練習停下。我們行走，並非只是爲了抵達目的地，而是爲了享受踏出的每一步。如果我們在掃地、洗碗或淋浴時練習停下，就能深刻地生活。如果不這樣修行，讓日日月月就這麼流過，我們是在浪費時間。停下幫助我們眞實地活著。

這樣的修行雖然很簡單，但我們獨自一人時可能難以持續；因爲拉扯我們的力量很強。但是如果我們是僧伽的一份子，僧團裡每個人都這樣修行，那麼修行就變得容易且自然了。僧伽是一個團體，團體中的每個人都有志於學習和修行。但只有好的意向是不夠的；我們必須一起學習快樂生活的藝術。

建立僧伽是修行最重要的工作。我們必須學習組織團體的藝術，一個快樂且能給人們信心的團體。修行中心應該像個家庭一樣；老師就像是父母，資深修行者像是兄姊、叔伯姑姑、舅舅阿姨。如果一個修行中心不像個心靈之家，讓每個人都覺得是個有價值的成員的話，轉化的工作會很困難。許多來修行的人，是來自破碎的家庭或混亂的社會。如果修行中心的組織運作讓每個人像是個孤島，彼此之間沒有多少接觸、關愛或溫暖，那麼他們即使修行了一、二十年，也難有成果。我們必須建立基礎，沒有基礎，就難以快樂運作。

好的僧伽團體也能幫助老師。無論老師多麼傑出，除非他（她）是僧伽的一份子，否則老師也做不了什麼。沒有僧伽的老師，就像是沒有原料的製造商，或是沒有樂器的音樂家一樣。而老師的能力，可以從他（她）的僧伽的素質看出來。如果僧伽和諧，即使短暫的拜訪者也能獲得利益。

不要期望任何老師或僧伽是完美的。我們只需要一群信守承諾的平凡人，好從僧伽獲得絕佳利益。當群體中的個人皈依僧伽時，僧伽會成長得強壯美麗。當我們微笑並有意識地呼吸時，整個僧伽都一起微笑並有意識地呼吸。在僧伽裡，彼此是互助的。當我們跌倒時，總會有人扶我們起來；當我們練習行禪時，就是在服務僧伽。建立僧伽的方法就在於，一抹微笑、行禪、停下、定，以及安住於當下。當我們在這些基礎上建立僧伽時，我們就能幫助他人。最重要的是，僧伽要快樂、要有滋養性、要安穩。

要幫忙建立這種僧伽的最佳方式就是，成爲你修行團體裡的美善因素。僧伽是你能夠接受傳承，加入傳承的地方。但是僧伽不會自己憑空冒出來，它是我們自己組成的。有些人想要皈依佛及法，但不想皈依僧；其他有些人則只想皈依偉大的菩薩僧，像是舍利弗、目犍連、普賢、文殊等大菩薩，而不是和他們住在同一社區的平凡修行人。我們皈依佛，是因爲對教法和修行有信心。佛陀是具足正念的，他指引我們的方向。但是皈依僧不只是信仰的事而已。那是我們具有信心的表示，這個信心來自於在團體中修行的經驗。

轉化會在日常生活裡發生。皈依僧，並且在僧伽中修行是很重要的。建立僧伽刻不容緩。學習現在就和諧快樂地生活，並且就在此地當下建立你的僧伽。沒有僧伽的修行是困難的。不只是比丘、比丘尼需要僧伽，所有的修行人都需要一個僧伽來支援。當你與僧伽一起修行時，就容易獲得修行的成果。當你皈依了僧，轉化的工程將會實現。

我們也應該了解，僧伽就是環境。若缺乏適當環境，轉化與療癒都不容易。在良好、健康的環境裡，我們內在正面的元素會被觸及而顯現，而負面元素則會減輕而退到背景去。這個原則，適用於心理與身體的各種情況。根據相即，一粒種子由所有其他種子造成，一個基因由所有其他基因造成，於其內擁有所有善與不善的因素，就像電腦有能力存取網路上的所有資訊一樣。當某一種資訊呈現在螢幕上時，所有其他的資訊都必須潛藏在背景裡。我們能夠選擇，要讓顯現的資訊持續多久，並避免其他資訊來到前台。對於轉化及療癒工作而言，一個好的環境是關鍵所在。好的種子或好的基因能夠種下，但是如果沒有好的環境，那麼好種子或好基因將無法留在前台。

因此，建立僧伽與設立健康環境，應該被視爲現代社會最緊要的工作。

無著在《攝大乘論》裡提到，種子的六個特質（種子六義）：剎那滅、果俱有、恆隨轉、性決定、待眾緣、引自果。第一個特性剎那滅，確認了無常的教法——諸行在每一剎那中都在變化。這是說，轉化與療癒是有可能的。第二個特性果俱有的意思是，種子與感官和它們的對象同時存在並且相即，它們並非與識、感知的主體、感知的對象分別存在。一根玉米穗裡就包含有玉米株。如此，確認了相即的教法。第三個特性恆隨轉，顯示了種子與心所的互動及互生的本質——種子顯現爲心所，而心所產生並滋養種子。

第四個特性性決定，及第六個特性引自果展示了，因與果的一致性——負面心所，例如憤怒，會產生或加強憤怒的種子；正面心所，例如悲憫，則產生或加強悲憫的種子。但根據無常及相即，心所與種子兩者都能改變，都能被轉化而不是「性決定」。種子或心所被定義爲不善，是因爲它們含有的不善因素來到前台並顯現出來了，同時所有的善因素，由於缺乏好的環境，必須隱藏在背景裡。由於轉化是可能的，所以垃圾能夠轉變成花朵，煩惱能夠轉變成覺悟。因此，我們必須小心理解，無著菩薩提出的這兩個特性。至於第五個特性待眾緣，我們可以了解，如果能夠提供一個好環境、好僧伽，那麼轉化就會發生。

## 49

# 無所得

不生亦不滅，
生死即涅槃，
所得即無得，
不取也不捨。

無生，無死。
無取，無捨。
輪迴即涅槃。
以無所得故。

這個偈頌是關於究竟層面——修行的成果，涅槃，超越生死。但是世俗層面與究竟層面並不可分。我們說，「證得」了究竟，但是我們並無所得。波浪並不需要去獲得水的狀態，波浪就是水。我們活在世俗層面裡，活在有與無、持續與停息、來與去的世界裡；但是，我們同時也與涅槃有所接觸。涅槃是我們的眞正本質。正如波浪始終是水一樣，我們一直在涅槃中。

三法印——無常、無我、涅槃，是開啓第五十頌之門的鑰匙。三法印就像是錢幣的兩面，也是鑄造它的金屬。接觸任一面，我們都同時接觸到金屬，它的本體。因爲我們認爲事物恆常，有一個獨立自我，所以才會有有與無、一與多、來與去、生與死的觀念。而藉由觀照無常與無我，我們能夠接觸到涅槃。無常與無我指的是現象，亦即波浪。正如觀察某個波浪，以找出它由何而成一樣，我們觀察一切事物無常與無我的本質，如此，我們就能超越諸如有與無、一與多、來與去、生與死種種觀念。這就是涅槃，一切想與念的止息，包括無常與無我的想法。無常與無我的想法，是用來超越恆常與自我的想法。然而它們畢竟是想法，是造作的，而非實相。涅槃超越了恆常與無常的觀念。

從三自性的觀點來看，遍計所執自性視事物爲恆常且具有自我的。而依據緣起法，我們看到事物爲無常且無我。這麼觀照，讓我們從遍計所執自性解脫，並且幫助我們接觸到圓成實自性。當我們接觸波浪時，就接觸到水。最後，當我們接觸無常時，就接觸了涅槃。所以說，沒有什麼所得；沒有什麼要取的，沒有什麼要捨的。一切都已現前了。

我們被生與死的觀念困住了。我們認爲出生的意思是，從無變成有，從沒有人變成某個人。我們認爲死亡的意思是，從某人變成沒有人，從有變成無。藉由觀照，我們明白這些觀念並不適用於實相。其實並沒有生，也沒有死，有的只是延續而已。

當雲朵轉變成雨，落到河裡、海裡、地上時，它並沒死；它只是以另一種形式延續。當它與河流合一時，它仍持續改變。作爲一朵雲飄盪在天空中，是瀟灑的事；但是作爲雨落在大地上，也很淋漓暢快。一張紙不可能化爲烏有，即使你把它燒了，它還是以其他形式延續。它的一部分會成爲煙飄向天空，變成一朵雲；另一部分會變成熱能；又另一部分會變成灰掉在地上，與土壤混合。幾個星期後，這張紙可能顯現爲草地上的一朵小花。我們能認出它的存在嗎？並沒有什麼死去。你不可能把某個東西化爲烏有的。

有一個著名的公案——什麼是你未出生前的本來面目？禪修於此的用意是，幫助我們體悟實相和自己，以及不生不滅的本質。十八世紀的法國科學家安托萬・落朗德・拉瓦錫（Antoine Laurent Lavoisier）說：「沒有什麼出生。沒有什麼死亡。」他不是佛教徒，但卻是一位深入觀察實相的科學家，並且發現了眞相。《心經》也說：「不生、不滅、不增、不減。」如果你從未出生，你怎麼死亡呢？只有在你還未觀透實相的核心時，才有可能會執取和排斥。

我們通常試圖執取生命，逃避死亡。但是，根據教法，一切自無始以來就已涅槃了。所以，我們何必執取其一，逃避其他呢？在究竟層面，是無始無終的。我們以爲在我們之外，有什麼所得，但是一切已經都在這裡了。我們超越了內在、外在的觀念時，就知道我們所想得的，已經在內心了。我們不需要在時空裡尋找它。它在當下，已然現成。禪修於無所得，非常重要。我們所想得的，都已得了。我們不需要得到什麼，我們已經有了，我們就是它。

無所得的教法，是發展自「無願」的教法。「三解脫門」是所有佛教各派共通的。第一解脫門是「空」。一切都是空。空於什麼？空於獨立的自我。一朵花裡充滿了宇宙中的一切——陽光、雲朵、空氣、空間。它只空於一物——獨立的存在。這是空的意思。我們可以用這把鑰匙，打開通往實相之門。

第二解脫門是「無相」。如果你看一朵花是一朵花，卻沒在其中看見陽光、雲朵、土地、時間、空間，那你就被花的「相」給困住了。但是如果你觸及了花朵相即的本質，你就眞正看見花朵了。如果你看一個人，卻沒看見他的社會、教育、祖先、文化、環境，你就沒有眞正看見那個人。相反地，你被那個人的「相」欺騙了，一個獨立自我的外表。當你能深觀那個人時，你接觸到整個宇宙，就不會被表象愚弄了。這稱爲「無相」。

第三解脫門是「無願」。我們已經是我們想要成爲的人了。我們不需要變成別人。我們該做的就只是，完整地眞實地做自己，不需要逃避任何事。我們已經包含了整個宇宙；我們只要藉由正念回到自己，接觸到已經在內在及周遭的安詳喜悅就好。我已經到達了，已經到家了，沒有什麼要做的了。這是開啓實相的第三把鑰匙。「無願」，無所得，是絕妙殊勝的修行。

煩惱即菩提（覺悟）。我們可以安詳地乘著生死之浪，帶著無畏的微笑，乘著悲憫之船航行在無明的大海上。依據相即，我們在垃圾中看見花朵，在花朵中看見垃圾。正是在痛苦的基礎上，煩惱的基礎上，我們才能觀照覺悟與幸福。正是在汙泥渾水中，才生長綻放出蓮花。

菩薩洞見不生不滅的實相。因此他們日日夜夜都是無畏的。他們有這種自由，可以做許多事幫助那些受苦的人。我們只有在這個痛苦與煩惱的世界裡，才能當菩薩。而當我們是自由的，就可以無畏地騎乘於生死之浪上，幫助那些沉溺在痛苦大海裡的人們。

# 50 無畏

展無畏笑顏，
乘生死浪濤，
慈航游迷海，
煩惱即菩提。

當我們體悟煩惱即菩提時，
就可以帶著無畏的微笑，
安詳地乘著生死之浪，
駕著悲憫之船，航行在無明大海上。

最後第五十頌描述菩薩——覺悟的有情。菩薩並不離開痛苦的輪迴進入涅槃，反而選擇留在生死的世界裡幫助他人。菩薩與我們其他人同樣居住在生死、無常、自我的世界裡。由於觀無常與無我，他們觸及究竟，對有與無、一與多、來與去、生與死無有恐懼。他們自由自在地，十分安詳地騎乘於生死之浪上。他們能夠留在波浪的世界裡，同時安住在水的本質中。

「乘著生死之浪」是《法華經》裡對於菩薩的描述，觀音菩薩、普賢菩薩、藥王菩薩、妙音菩薩，都在當生展現了這種修行。這是行動面。在痛苦哀傷的世界裡，這些菩薩仍然能夠悲憫且無畏地微笑，因爲他們能夠看見煩惱與菩提的不二，並接觸到涅槃實相。

佛教經典裡提到三種布施——財施、法施、無畏施；無畏是最大的禮物。因爲菩薩沒有恐懼，他們能夠幫助很多人。無畏是我們能夠給予所愛者的最佳禮物，沒有什麼比它更珍貴了。但是除非我們自己無畏，否則無法給予這個禮物。如果我們修行並且接觸到實相的究竟層面，就也能夠像菩薩一樣無畏地微笑了。像他們一樣，我們無須逃避煩惱。我們不須去其他地方獲得覺悟。我們明白，煩惱與覺悟是一體的。當我們有妄心時，就只看見煩惱。但是當我們有眞心時，煩惱就不再了，只有覺悟。我們不再畏懼生死，因爲我們已經接觸到相即的本質了。

那些臨終關懷工作者，特別需要修行堅定與無畏。其他人需要我們的穩定和無畏，才能安詳地逝世。如果我們知道如何觸及究竟實相，如果我們知道不生不滅的實相，就能夠超越一切恐懼。然後，當我們坐在臨終者身旁時，可以是他們安適自在與心靈啓發的源泉。無畏是佛教裡最偉大的修行。要從一切恐懼中解脫，我們必須觸及生命之根本，並訓練自己直接地觀入慈悲之光。

《心經》描述觀音菩薩因爲能觀照五蘊的無我本質，發現到空的本性，而立即戰勝了一切煩惱①。因此，他接受到無畏的力量，能夠幫助許多人。一旦我們也看見煩惱即菩提時，就也能夠喜悅地騎乘於生死之浪上了。

園丁不會在花朵後面追逐，也不會試圖逃避垃圾。她兩者都接受，並且好好地照顧它們。她既不執取哪一個，也不排斥哪一個，因爲她明白兩者的本質都是相即；她與花朵及垃圾都和平相處。菩薩對待覺悟及煩惱的方式，就和善巧的園丁對待花朵及垃圾的方式一樣——無分別。她知道如何做轉化的工作，所以她不再害怕了。這是佛陀的心態。

①見一行禪師，《初戀三摩地》（*Our Appointment with Life: Discourse on Living Happily in the Present Moment*，橡樹林文化）。

【後記】

# 五十頌的來源

印度佛教哲學與教法的發展，通常分爲三個時期——原始佛教、部派佛教、大乘佛教①。這五十頌裡含有這三個時期的教法。

阿毗達摩（Abhidharma）是原始佛教的主要典籍。佛陀般涅槃（大圓寂 parinirvana）一百四十年後，僧團分爲兩派——「上座部」（Sthaviravada）及「大眾部」（Mahasanghika）②。此後即開始進入部派佛教時期；當時有十八或二十個新部派成立，它們大多是因爲對於教法的不同要義有所爭執而分立。「上座部」後來又分出兩個支派——「說一切有部」（Sarvastivada）及「經量部」（Sautrantika）。部派佛教的另一個主要支派「大眾部」，則是印度佛教第三階段——大乘佛教的前身③。

佛陀在世時，他就是活生生的法；但是他去世後，他的弟子就得進行將教法系統化的工作，好進一步研讀。阿毗達摩就是這種彙集工作中最早的，但是這個工作持續了好幾世紀，因爲佛教哲學又更進一步發展及擴充。在西元四世紀，覺音（Buddhaghosa）寫了一部廣受歡迎的系統化著作《清淨道論》。與此大約同時，偉大的比丘學者世親則編寫了《阿毗達摩俱舍論》，總結並注釋了佛陀的教法。

世親在犍陀羅（Gandhara，當今北巴基斯坦）附近，修學過數個不同的佛教派別。然後他往北到喀什米爾——「說一切有部」的中心。「說一切有部」是早期漢傳佛教形成的基礎。「說一切有部」只准許喀什米爾人參與研讀及修行，而世親喬裝成喀什米爾人以接受他們的教法。在完成「說一切有部」的學習之後，世親寫了《阿毗達摩俱舍論》（簡稱《俱舍論》）。他的老師認爲他對於他們傳承的教法非常了解，但是他們不知道，《阿毗達摩俱舍論》也包含了「經量部」和其他部派的教法。

世親有一位同母異父的哥哥無著，是一位很有成就的大乘佛教比丘及學者。他寫了《大乘起信論》，那是從大乘觀點論述阿毗達摩的一部重要著作。無著經常對世親說明大乘教法的意義，

①這三個時期始自佛陀在世的西元前五、六世紀，一直到西元七世紀。整體概要請見一行禪師，《佛陀之心》（*The Heart of the Buddha's Teaching*，橡實文化）第四章。

②在此「僧伽」（Sangha）為最限制的用法，意指出家之佛教僧侶團體。不過，現代及本書其他地方使用到「僧伽」時，指的是一般佛教團體。「上座部」是南傳佛教的前身，是現代南亞及東南亞佛教的主要組成。

③大乘發展自西元前一世紀至西元一世紀期間。大乘行者提倡菩薩（覺有情 bodhisattva）理想——菩薩努力覺悟一切有情，對比於早期佛教的阿羅漢（應供 arhat）理想——阿羅漢專注於自己的解脫。大乘佛教是中國、西藏、韓國、日本及大部分越南地區的主要佛教。

但是世親一直心存懷疑。他欣賞也修行部派佛教，但是覺得後期發展的教法，包括大乘教法在內，並非眞實的佛教。後來，在某一個月圓日，當世親正練習行禪時，遇見無著站在一個清澈的池邊唸誦大乘教法。突然地，世親對於大乘的深奧和美妙有了突破性的領悟。從那之後，兄弟倆就一起修行和教導大乘佛教了。

世親被認爲是「唯識」（Vijñaptimatra）或「唯表學派」的創始者及傑出人物，這個學派是從大乘佛教的「瑜伽行派」（Yogachara）發展出來的④。他注釋了無著的著作，也寫了《唯識二十頌》及《唯識三十頌》。這兩本論述對於「唯表學派」有巨大的影響。

由於世親受過許多傳承的訓練，我們可以看見「唯表學派」源自「說一切有部」的阿毗達摩，以及世親自己的著作《阿毗達摩俱舍論》——那是他在接觸到大乘以前所寫的。因此，「唯表學派」含有許多非大乘教法的成分。世親的著作對於大乘的貢獻既深刻且實用，但是它們從來不是百分之百的大乘。在他去世兩個世紀之後，「唯表學派」仍然被認爲是「權乘」⑤。

在七世紀時，著名的「朝聖者」玄奘大師（600-664），旅行到印度並進入當時佛教的研究重鎭——那爛陀大學。在他旅行中亞及印度的紀錄中，玄奘觀察了就讀於那爛陀的一萬名僧侶⑥。在戒賢（Shilabhadra）大師的指導下，玄奘研習了「唯表學派」。一百歲的戒賢，是當時那爛陀的校長，以及「唯表學派」著名的十大論師的最後一位（世親是第一位；安慧〔Sthiramati〕⑦是另一位；戒賢的老師法護〔Dharmapala〕，是第九位）。

比較安慧與法護的著作，我們可以看出他們對於「唯表學派」的看法有何不同。世親的原始注釋，也受到陳那（Dignaga）的增補，加入了認識論（epistemology）及邏輯。玄奘在那爛陀，以及返回中國後所研讀的，就是這個混合雜集。基於唯識學派的教法，他創立了一個學派，並寫

---

④「唯識」（Vijñanavada）及「瑜伽行」（Yogachara）是初期大乘佛教的兩個學派，二者都是建立於心識本質的探究。Vijñana字面上的意思是「心」或「識」。這個學派通常稱為「唯心」或「唯識」學派。不過，這個名字經常被誤解為一種理想主義，因此，在本書裡我一貫稱它為「唯表學派」（Vijñaptimatra）。「瑜伽行」（Yogachara）的意思是「相應瑜伽」或禪修，特別是禪修種種波羅蜜多（paramita），波羅蜜多是菩薩的必要品質。

⑤日本佛教學者高楠順次郎（Takakusu），在（*Essentials of Buddhist Philosophy*, Honolulu, HI: University of Hawaii Press, 1947）裡，稱之為「半大乘的」（semi-Mahayanistic）及「準大乘的」（quasi-Mahayanistic）。

⑥那爛陀大學創立於五世紀，位於印度北方比哈邦（Bihar）王舍城（Rajagriha，現在Rajgir）北邊約五哩處。

⑦Sylvain Lévi發現了安慧所寫的梵文手稿，是世親所寫《三十頌》的注釋，譯成法文後出版。法文版接著被譯成英文，然後又從英文版譯成中文。

了《八識規矩頌》⑧，那是對於世親《三十頌》的注釋。玄奘也提出感知的三類境，他寫了一首詩偈〈性境不隨心〉，包含在這本五十頌的第二十四章裡。

玄奘之後十年，法藏試圖完全以大乘的方式，來呈現「唯表學派」教法。法藏研習《華嚴經》，而他的重要著作《華嚴探玄記》即利用華嚴教法，尤其是「一即一切，一切即一」的觀念，來補強「唯表學派」的教法⑨。但是法藏的努力沒有持續很久，他之後也沒有人繼續從大乘觀點來闡釋「唯表學派」教法。甚至今日，閱讀《三十頌》的學者及修行者，也並不把這些重要的大乘佛教教法考慮在內。

本書的五十頌是我繼續擦亮這珍貴寶石的嘗試之作，來自佛陀、世親、安慧、玄奘、法藏及其他人的寶石。在閱讀五十頌之後，如果你想進一步了解，就可以閱讀並理解這些大師們的古典原作。

---

⑧此文並未單獨列於大正藏裡，但包括在玄奘的弟子普泰所寫的《八識規矩補註》裡（大正藏，Vol. 45, No.1865）。玄奘的代表作是他對於世親《三十頌》的註釋《成唯識論》，是中國佛教唯識學派的基本典籍。

⑨關於《華嚴經》的更多探討，可見一行禪師（*Cultivating the Mind of Love*, Berkeley, CA: Parallax Press, 1996）。

# 梅村簡介

梅村位於法國西南部，是一行禪師於一九八二年創立的修習中心。其後，禪師亦在美國、德國及亞洲等地設立禪修中心，歡迎個人或家庭來參加一天或更長時間的正念修習。如欲查詢或報名，請聯絡各中心：

---

**Plum Village**

13 Martineau
33580 Dieulivol
France
Tel: (33) 5 56 61 66 88
www.plumvillage.org

**Deer Park Monastery**

2499 Melru Lane
Escondido, CA 92026
USA
Tel: (1) 760 291-1003
deerpark@plumvillage.org
www.deerparkmonastery.org

**Blue Cliff Monastery**

3 Mindfulness Road
Pine Bush, NY 12566
USA
Tel: (1) 845 231-1785
www.bluecliffmonastery.org

**European Institute of Applied Buddhism**

Schaumburgweg 3,
D-51545 Waldbröl,
Germany
Tel: +49 (0) 2291 907 1373
www.eiab.eu

---

The Mindfulness Bell（正念鐘聲）這本雜誌由梅村一年發行三次，報導一行禪師所教導的正念生活之藝術。

欲訂閱或查詢全球僧團活動資訊，請至網站：www.mindfulnessbell.org

# 橡樹林文化 ❖❖ 善知識系列 ❖❖ 書目

| | | | |
|---|---|---|---|
| JB0001 | 狂喜之後 | 傑克・康菲爾德◎著 | 380 元 |
| JB0002 | 抉擇未來 | 達賴喇嘛◎著 | 250 元 |
| JB0003 | 佛性的遊戲 | 舒亞・達斯喇嘛◎著 | 300 元 |
| JB0004 | 東方大日 | 邱陽・創巴仁波切◎著 | 300 元 |
| JB0005 | 幸福的修煉 | 達賴喇嘛◎著 | 230 元 |
| JB0006 | 與生命相約 | 一行禪師◎著 | 240 元 |
| JB0007 | 森林中的法語 | 阿姜查◎著 | 320 元 |
| JB0008 | 重讀釋迦牟尼 | 陳兵◎著 | 320 元 |
| JB0009 | 你可以不生氣 | 一行禪師◎著 | 230 元 |
| JB0010 | 禪修地圖 | 達賴喇嘛◎著 | 280 元 |
| JB0011 | 你可以不怕死 | 一行禪師◎著 | 250 元 |
| JB0012 | 平靜的第一堂課——觀呼吸 | 德寶法師 ◎著 | 260 元 |
| JB0013X | 正念的奇蹟 | 一行禪師◎著 | 220 元 |
| JB0014X | 觀照的奇蹟 | 一行禪師◎著 | 220 元 |
| JB0015 | 阿姜查的禪修世界——戒 | 阿姜查◎著 | 220 元 |
| JB0016 | 阿姜查的禪修世界——定 | 阿姜查◎著 | 250 元 |
| JB0017 | 阿姜查的禪修世界——慧 | 阿姜查◎著 | 230 元 |
| JB0018X | 遠離四種執著 | 究給・企千仁波切◎著 | 280 元 |
| JB0019X | 禪者的初心 | 鈴木俊隆◎著 | 220 元 |
| JB0020X | 心的導引 | 薩姜・米龐仁波切◎著 | 240 元 |
| JB0021X | 佛陀的聖弟子傳 1 | 向智長老◎著 | 240 元 |
| JB0022 | 佛陀的聖弟子傳 2 | 向智長老◎著 | 200 元 |
| JB0023 | 佛陀的聖弟子傳 3 | 向智長老◎著 | 200 元 |
| JB0024 | 佛陀的聖弟子傳 4 | 向智長老◎著 | 260 元 |
| JB0025 | 正念的四個練習 | 喜戒禪師◎著 | 260 元 |
| JB0026 | 遇見藥師佛 | 堪千創古仁波切◎著 | 270 元 |
| JB0027 | 見佛殺佛 | 一行禪師◎著 | 220 元 |
| JB0028 | 無常 | 阿姜查◎著 | 220 元 |
| JB0029 | 覺悟勇士 | 邱陽・創巴仁波切◎著 | 230 元 |
| JB0030 | 正念之道 | 向智長老◎著 | 280 元 |

| | | | |
|---|---|---|---|
| JB0031 | 師父——與阿姜查共處的歲月 | 保羅・布里特◎著 | 260 元 |
| JB0032 | 統御你的世界 | 薩姜・米龐仁波切◎著 | 240 元 |
| JB0033 | 親近釋迦牟尼佛 | 髻智比丘◎著 | 430 元 |
| JB0034 | 藏傳佛教的第一堂課 | 卡盧仁波切◎著 | 300 元 |
| JB0035 | 拙火之樂 | 圖敦・耶喜喇嘛◎著 | 280 元 |
| JB0036 | 心與科學的交會 | 亞瑟・札炯克◎著 | 330 元 |
| JB0037 | 你可以，愛 | 一行禪師◎著 | 220 元 |
| JB0038 | 專注力 | B・艾倫・華勒士◎著 | 250 元 |
| JB0039X | 輪迴的故事 | 堪欽慈誠羅珠◎著 | 270 元 |
| JB0040 | 成佛的藍圖 | 堪千創古仁波切◎著 | 270 元 |
| JB0041 | 事情並非總是如此 | 鈴木俊隆禪師◎著 | 240 元 |
| JB0042 | 祈禱的力量 | 一行禪師◎著 | 250 元 |
| JB0043 | 培養慈悲心 | 圖丹・卻准◎著 | 320 元 |
| JB0044 | 當光亮照破黑暗 | 達賴喇嘛◎著 | 300 元 |
| JB0045 | 覺照在當下 | 優婆夷　紀・那那蓉◎著 | 300 元 |
| JB0046 | 大手印暨觀音儀軌修法 | 卡盧仁波切◎著 | 340 元 |
| JB0047X | 蔣貢康楚閉關手冊 | 蔣貢康楚羅卓泰耶◎著 | 260 元 |
| JB0048 | 開始學習禪修 | 凱薩琳・麥唐諾◎著 | 300 元 |
| JB0049 | 我可以這樣改變人生 | 堪布慈囊仁波切◎著 | 250 元 |
| JB0050 | 不生氣的生活 | W. 伐札梅諦◎著 | 250 元 |
| JB0051 | 智慧明光：《心經》 | 堪布慈囊仁波切◎著 | 250 元 |
| JB0052 | 一心走路 | 一行禪師◎著 | 280 元 |
| JB0054 | 觀世音菩薩妙明教示 | 堪布慈囊仁波切◎著 | 350 元 |
| JB0055 | 世界心精華寶 | 貝瑪仁增仁波切◎著 | 280 元 |
| JB0056 | 到達心靈的彼岸 | 堪千・阿貝仁波切◎著 | 220 元 |
| JB0057 | 慈心禪 | 慈濟瓦法師◎著 | 230 元 |
| JB0058 | 慈悲與智見 | 達賴喇嘛◎著 | 320 元 |
| JB0059 | 親愛的喇嘛梭巴 | 喇嘛梭巴仁波切◎著 | 320 元 |
| JB0060 | 轉心 | 蔣康祖古仁波切◎著 | 260 元 |
| JB0061 | 遇見上師之後 | 詹杜固仁波切◎著 | 320 元 |
| JB0062 | 白話《菩提道次第廣論》 | 宗喀巴大師◎著 | 500 元 |
| JB0063 | 離死之心 | 竹慶本樂仁波切◎著 | 400 元 |
| JB0064 | 生命真正的力量 | 一行禪師◎著 | 280 元 |

| | | | |
|---|---|---|---|
| JB0065 | 夢瑜伽與自然光的修習 | 南開諾布仁波切◎著 | 280 元 |
| JB0066 | 實證佛教導論 | 呂真觀◎著 | 500 元 |
| JB0067 | 最勇敢的女性菩薩——綠度母 | 堪布慈囊仁波切◎著 | 350 元 |
| JB0068 | 建設淨土——《阿彌陀經》禪解 | 一行禪師◎著 | 240 元 |
| JB0069 | 接觸大地一與佛陀的親密對話 | 一行禪師◎著 | 220 元 |
| JB0070 | 安住於清淨自性中 | 達賴喇嘛◎著 | 480 元 |
| JB0071/72 | 菩薩行的祕密【上下冊】 | 佛子希瓦拉◎著 | 799 元 |
| JB0073 | 穿越六道輪迴之旅 | 德洛達娃多瑪◎著 | 280 元 |
| JB0074 | 突破修道上的唯物 | 邱陽・創巴仁波切◎著 | 320 元 |
| JB0075 | 生死的幻覺 | 白瑪格桑仁波切◎著 | 380 元 |
| JB0076 | 如何修觀音 | 堪布慈囊仁波切◎著 | 260 元 |
| JB0077 | 死亡的藝術 | 波卡仁波切◎著 | 250 元 |
| JB0078 | 見之道 | 根松仁波切◎著 | 330 元 |
| JB0079 | 彩虹丹青 | 祖古・烏金仁波切◎著 | 340 元 |
| JB0080 | 我的極樂大願 | 卓千拉貢仁波切◎著 | 260 元 |
| JB0081 | 再捻佛語妙花 | 祖古・烏金仁波切◎著 | 250 元 |
| JB0082 | 進入禪定的第一堂課 | 德寶法師◎著 | 300 元 |
| JB0083 | 藏傳密續的真相 | 圖敦・耶喜喇嘛◎著 | 300 元 |
| JB0084 | 鮮活的覺性 | 堪千創古仁波切◎著 | 350 元 |
| JB0085 | 本智光照 | 遍智　吉美林巴◎著 | 380 元 |
| JB0086 | 普賢王如來祈願文 | 竹慶本樂仁波切◎著 | 320 元 |
| JB0087 | 禪林風雨 | 果煜法師◎著 | 360 元 |
| JB0088 | 不依執修之佛果 | 敦珠林巴◎著 | 320 元 |
| JB0089 | 本智光照一功德寶藏論　密宗分講記 | 遍智　吉美林巴◎著 | 340 元 |
| JB0090 | 三主要道論 | 堪布慈囊仁波切◎講解 | 280 元 |
| JB0091 | 千手千眼觀音齋戒一紐涅的修持法 | 汪遷仁波切◎著 | 400 元 |
| JB0092 | 回到家，我看見真心 | 一行禪師◎著 | 220 元 |
| JB0093 | 愛對了 | 一行禪師◎著 | 260 元 |
| JB0094 | 追求幸福的開始：薩迦法王教你如何修行 | 尊勝的薩迦法王◎著 | 300 元 |
| JB0095 | 次第花開 | 希阿榮博堪布◎著 | 350 元 |
| JB0096 | 楞嚴貫心 | 果煜法師◎著 | 380 元 |
| JB0097 | 心安了，路就開了：<br>讓《佛說四十二章經》成為你人生的指引 | 釋悟因◎著 | 320 元 |

| | | | |
|---|---|---|---|
| JB0098 | 修行不入迷宮 | 札丘傑仁波切◎著 | 320 元 |
| JB0099 | 看自己的心，比看電影精彩 | 圖敦．耶喜喇嘛◎著 | 280 元 |
| JB0100 | 自性光明——法界寶庫論 | 大遍智　龍欽巴尊者◎著 | 480 元 |
| JB0101 | 穿透《心經》：原來，你以為的只是假象 | 柳道成法師◎著 | 380 元 |
| JB0102 | 直顯心之奧秘：大圓滿無二性的殊勝口訣 | 祖古貝瑪．里沙仁波切◎著 | 500 元 |
| JB0103 | 一行禪師講《金剛經》 | 一行禪師◎著 | 320 元 |
| JB0104 | 金錢與權力能帶給你甚麼？<br>一行禪師談生命真正的快樂 | 一行禪師◎著 | 300 元 |
| JB0105 | 一行禪師談正念工作的奇蹟 | 一行禪師◎著 | 280 元 |
| JB0106 | 大圓滿如幻休息論 | 大遍智　龍欽巴尊者◎著 | 320 元 |
| JB0107 | 覺悟者的臨終贈言：《定日百法》 | 帕當巴桑傑大師◎著<br>堪布慈囊仁波切◎講述 | 300 元 |
| JB0108 | 放過自己：揭開我執的騙局，找回心的自在 | 圖敦．耶喜喇嘛◎著 | 280 元 |
| JB0109 | 快樂來自心 | 喇嘛梭巴仁波切◎著 | 280 元 |
| JB0110 | 正覺之道．佛子行廣釋 | 根讓仁波切◎著 | 550 元 |
| JB0111 | 中觀勝義諦 | 果煜法師◎著 | 500 元 |
| JB0112 | 觀修藥師佛——祈請藥師佛，能解決你的困頓不安，感受身心療癒的奇蹟 | 堪千創古仁波切◎著 | 450 元 |
| JB0113 | 與阿姜查共處的歲月 | 保羅．布里特◎著 | 300 元 |
| JB0114 | 正念的四個練習 | 喜戒禪師◎著 | 300 元 |
| JB0115 | 揭開身心的奧秘：阿毗達摩怎麼說？ | 善戒禪師◎著 | 420 元 |
| JB0116 | 一行禪師講《阿彌陀經》 | 一行禪師◎著 | 260 元 |
| JB0117 | 一生吉祥的三十八個祕訣 | 四明智廣◎著 | 350 元 |
| JB0118 | 狂智 | 邱陽創巴仁波切◎著 | 380 元 |
| JB0119 | 療癒身心的十種想——<br>兼行「止禪」與「觀禪」的實用指引，<br>醫治無明、洞見無常的妙方 | 德寶法師◎著 | 320 元 |
| JB0120 | 覺醒的明光 | 堪祖蘇南給稱仁波切◎著 | 350 元 |
| JB0122 | 正念的奇蹟（電影封面紀念版） | 一行禪師◎著 | 250 元 |

善知識系列　JB0123

# 一行禪師　心如一畝田：唯識 50 頌

作　　者／一行禪師（Thich Nhat Hanh）
譯　　者／觀行者
特約編輯／應桂華
協力編輯／廖于瑄
業　　務／顏宏紋

總 編 輯／張嘉芳
出　　版／橡樹林文化
城邦文化事業股份有限公司
104 台北市民生東路二段 141 號 5 樓
電話：(02)2500-7696　傳眞：(02)2500-1951
發　　行／英屬蓋曼群島商家庭傳媒股份有限公司城邦分公司
104 台北市中山區民生東路二段 141 號 2 樓
客服服務專線：(02)25007718；25001991
24 小時傳眞專線：(02)25001990；25001991
服務時間：週一至週五上午 09:30 ～ 12:00；下午 13:30 ～ 17:00
劃撥帳號：19863813　戶名：書虫股份有限公司
讀者服務信箱：service@readingclub.com.tw
香港發行所／城邦（香港）出版集團有限公司
香港灣仔駱克道 193 號東超商業中心 1 樓
電話：(852)25086231　傳眞：(852)25789337
Email: hkcite@biznetvigator.com
馬新發行所／城邦（馬新）出版集團【Cité (M) Sdn.Bhd. (458372 U)】
41, Jalan Radin Anum, Bandar Baru Sri Petaling,
57000 Kuala Lumpur, Malaysia.
電話：(603) 90578822　傳眞：(603) 90576622
Email：cite@cite.com.my

封面設計／走路花工作室
內文排版／歐陽碧智
印　　刷／韋懋實業有限公司

初版一刷／ 2017 年 11 月
初版四刷／ 2022 年 5 月
ISBN ／ 978-986-5613-59-4
定價／ 360 元

城邦讀書花園
www.cite.com.tw


國家圖書館出版品預行編目（CIP）資料

一行禪師　心如一畝田：唯識 50 頌 / 一行禪師作；觀行者譯 . -- 初版 . -- 臺北市：橡樹林文化，城邦文化出版：家庭傳媒城邦分公司發行，2017.11
面；　公分 . --（善知識；JB0123）
ISBN 978-986-5613-59-4（平裝）

1. 佛教修持

225.7　　106019180

廣　告　回　函
北區郵政管理局登記證
北 台 字 第 10158 號

郵資已付　免貼郵票


104 台北市中山區民生東路二段 141 號 5 樓

城邦文化事業股份有限公司
橡樹林出版事業部　收


請沿虛線剪下對折裝訂寄回，謝謝！

|橡|樹|林|

書名：一行禪師　心如一畝田：唯識 50 頌　書號：JB0123

橡樹林文化

# 讀者回函卡

感謝您對橡樹林出版社之支持，請將您的建議提供給我們參考與改進；請別忘了給我們一些鼓勵，我們會更加努力，出版好書與您結緣。

姓名：＿＿＿＿＿＿＿＿＿＿ □女 □男 生日：西元＿＿＿＿＿年

Email：＿＿＿＿＿＿＿＿＿＿＿＿＿＿＿＿＿＿＿＿

● 您從何處知道此書？

□書店 □書訊 □書評 □報紙 □廣播 □網路 □廣告 DM □親友介紹

□橡樹林電子報 □其他＿＿＿＿＿＿

● 您以何種方式購買本書？

□誠品書店 □誠品網路書店 □金石堂書店 □金石堂網路書店

□博客來網路書店 □其他＿＿＿＿＿＿

● 您希望我們未來出版哪一種主題的書？（可複選）

□佛法生活應用 □教理 □實修法門介紹 □大師開示 □大師傳記

□佛教圖解百科 □其他＿＿＿＿＿＿

● 您對本書的建議：

＿＿＿＿＿＿＿＿＿＿＿＿＿＿＿＿＿＿＿＿

＿＿＿＿＿＿＿＿＿＿＿＿＿＿＿＿＿＿＿＿

＿＿＿＿＿＿＿＿＿＿＿＿＿＿＿＿＿＿＿＿

＿＿＿＿＿＿＿＿＿＿＿＿＿＿＿＿＿＿＿＿

＿＿＿＿＿＿＿＿＿＿＿＿＿＿＿＿＿＿＿＿

非常感謝您提供基本資料，基於行銷及客戶管理或其他合於營業登記項目或章程所定業務需要之目的，家庭傳媒集團（即英屬蓋曼群商家庭傳媒股份有限公司城邦分公司、城邦文化事業股分有限公司、書虫股分有限公司、墨刻出版股分有限公司、城邦原創股分有限公司）於本集團之營運期間及地區內，將不定期以 MAIL 訊息發送方式，利用您的個人資料於提供讀者產品相關之消費與活動訊息，如您有依照個資法第三條或其他需服務之業務，得致電本公司客服。

我已經完全瞭解左述內容，並同意本人資料依上述範圍內使用。

＿＿＿＿＿＿＿＿＿＿（簽名）